KB275792

취업의 디테일

취업의 디테일

취업의 디테일

합격을 쏘다

문운기 지음

GASAN BOOKS

대학을 졸업하고 대기업 인사팀에 입사하여 20여 년 동안 우수 인재를 찾아 국내, 해외를 출장을 다니던 것이 엊그제 일 같습니다. 신입사원 시절에는 서류 전형과 면접 진행을 하면서 채용이 무엇인지를 배웠습니다. 관리자가 되어서는 채용기준을 정하기도 하고 다양한 면접 방법과 채용 시스템을 구축하는 채용 총괄팀장 역할을 수행했습니다.

1년에 반쯤은 미국, 일본, 영국, 독일 등 인재가 있는 곳이면 그곳이 어디든 출장을 다녔고, 나머지 반은 국내에서 정기 공채와 수시 채용을 통해 매년 수만 명이 넘는 입사 지원서를 검토하고 면접을 통해서 매년 수천 명의 대졸 신입사원을 채용하고 배치하는 일을 하였습니다. 남들은 채용하는 일을 부럽다고 하기도 했지만, 우수 인재를 찾아 배치하는 일이 쉽지만은 않았습니다.

　IMF를 겪으면서 기업채용에도 큰 변화를 맞이하게 되었습니다. 매년 정기공채에서 필요한 인력을 채용하던 방식에서 상시채용 혹은 필요한 인력이 발생할 때마다 수시채용을 병행하는 방법으로 전환되었습니다. 또한 채용방식도 기존 오프라인 채용에서 온라인 채용으로 전환되면서 지원자는 더 쉽게 많은 기업을 지원할 수 있게 되었고, 기업은 시간과 돈도 절약하면서 더 많은 인재풀(pool)을 얻을 수 있게 되었습니다. 나아가 인재를 보는 관점도 변화하면서 우수한 인재를 채용하기 위한 다양한 면접 기법들이 도입되었습니다.

　'도전'이라는 말을 여러분들도 잘 알 것입니다. 삶은 도전의 연속이며, 취업도 새로운 삶의 도전이라고 생각합니다. 재직 중 회사 일을 마치고 대학원 수업을 가는 전철 안에서 "모 기관에서 취업이 절실한 학생들을 상대로 올바른 취업의 길을 안내하기보다는 취업 알선을 미끼로 돈을 갈취했다는 안타까운 뉴스를 접한 적이 있었습니다." 그리고 퇴직 후 대학에서 강의를 하면서 취업에 대해 궁금해 하는 많은 학생들을 볼 수 있었습니다. 대학에 입학하면서부터 취업을 걱정해야 하는 취업 현실과 편법이나 요령을 올바른 취업 준비인 것처럼 말하는 일부 사람들을 보면서, 아! 이것이 내가 새로운 도전의 삶을 살아갈 분야라고 생각했습니다.

　그래서 2007년 초 정들었던 회사를 떠나 작지만 올바른 취업을 안내하는 취업 컨설팅도 보람 있고 의미 있는 일이라 생각하고 지금의 회사를 설립하게 되었습니다. 그리고 기업에서의 채용업무 경험을 바탕으로 대학에서 겸임 교수로 취업 강의를 하고 있으며, 전국 50여개 대학에서 취업전략 특강과 컨설팅을 하는 기회도 얻을 수 있었습니다.

취업!

졸업을 앞두고 있거나 졸업을 하고 취업을 준비하는 사람들의 화두는 당연히 취업이라고 생각합니다. 그래서 일부 부지런한 취업 준비생들은 취업 특강이나 기업설명회에 참여하기도 하고 인터넷 취업 포털사이트나 카페에서 취업 관련 자료를 찾아 취업을 준비하는 것으로 알고 있습니다.

퇴직 후 정부 기관 및 대학의 초청을 받아 쉴 사이도 없이 취업 강의를 했습니다. 가끔은 방송에 출연하거나 인터뷰를 하기도 했습니다. 취업 문제는 기업에서 재직할 때 생각했던 것보다 훨씬 심각하다는 것을 알게 되었습니다. 그리고 취업 상담을 받고 취업에 성공한 학생이 더운 여름날 피부를 보호하라며 보내왔던 썬 크림 하나, 강의가 끝난 후에 많은 도움이 되었다며 캔 커피 하나를 책상에 올려놓고 간 학생, 최종 면접에 합격한 후에 제일 먼저 감사드리고 싶어서 전화를 했다는 학생들. 이렇게 취업에 성공한 학생들을 보면서 지금 하는 일에 보람을 느낄 수 있었습니다.

하지만 아직도 많은 학생들과 취업 준비생들은 어떻게, 무엇을 준비해야 하는지 어려워하고 있습니다. 외국어 점수를 높이기 위해 휴학을 하고 많은 비용을 들여 해외 어학연수를 가고, 봉사활동 경험이 서류전형에서 유리하다는 말을 듣고 무작정 봉사활동을 하기도 합니다. 그리고 취업을 위해서는 자격증 하나는 필수라는 말을 믿고 자격증 취득을 위해 시간과 노력을 투자하기도 합니다. 취업에 필요한 것들이지요.

하지만 이런 것들이 맹목적이라는 데 문제가 있는 것 같습니다. 인재를 채용할 때 지원자의 단편적인 사실만을 보고 결정하지 않기 때문입니다. 아직도 취업을 준비하는 많은 사람들이 저에게 이렇게 묻습니다. "취업하려면 자격증 하나는 가자고 있어야 한다고 하는데 정말 도움이 되는가요?", "봉사활동을 해야 유리하다고 하는데 정말인가요?", "인턴십 경험이 없으면 불리하다고 하던데 사실인가요?", "재학생이 졸업생보다 유리하다고 들었는데 정말인가요?"

지금은 학생들이 궁금해 하는 질문들이구나 하는 생각을 하고 있지만, 처음 이런 질문을 받았을 때 기업에서 오랫동안 채용업무를 담당했던 저는 "왜 그렇게 생각하지."라고 의문을 가졌었고, 많은 학생들이 비슷한 생각을 하고 있다는 것을 알고 깜짝 놀랐습니다. 그래서 그렇게 생각하는 이유가 무엇일까 곰곰이 생각도 해

보고, 학생들에게 물어 보기도 했습니다.

확인이 안 된 취업과 관련한 루머나 인터넷 카페의 정보에 휘둘려서 취업 준비를 했다가 낭패를 보는 경우를 주위에서도 볼 수 있습니다. 여러 번 취업에 실패하고 이제는 취업을 포기하는 젊은 이들을 보면 안타깝고 마음이 아픕니다. 그래서 인생의 선배이자, 부모와 같은 심정으로 저의 오랜 채용업무 경험을 담아 취업을 준비하는데, 저의 경험과 지식이 도움이 되었으면 하는 마음에 이 책을 집필하게 되었습니다.

취업은 보다 나은 삶을 살기 위한 충분조건

"일하지 않는 자는 먹지도 마라."라는 말이 있습니다. 우리는 일하지 않으면 먹을 것을 구할 수 없을 것입니다. 취업은 먹고 살기만을 위한 필요조건은 아니지만 자신의 삶을 좀 더 풍요롭고 가치 있게 하기 위한 충분조건인 것은 틀림없는 것 같습니다. 그래서 우리는 일을 하는데 필요로 하는 지식을 배우고, 다양한 사람들과 관계를 맺으며, 많은 경험을 하는 것이 아닐까요?

취업을 하게 되면 우리는 일을 하게 됩니다. 반대로 채용은 기업에서 일을 잘 할 사람을 선발하는 과정입니다. 따라서 채용의 모든 과정은 회사에서 필요로 하는 직무 분야에 골고루 역량을 갖춘 인재를 찾는 것입니다. 따라서 취업 준비는 구체적이어야 하고 계획적이어야 합니다. 만일 취업 목표나 준비 없이 맹목적인 취업 준비를 하거나, 다른 사람의 말에 현혹되어 똑같은 취업 준비를 한다면 취업에 성공하기 어려울 것입니다. 물론 대학생활을 소홀히 하고 취업을 하겠다고 한다면 결코 기업은 여러분에게 취업의 문을 열어주지 않을 것이 분명합니다.

저는 20여년 대기업에서의 채용 경험을 바탕으로 구체적인 사례로 중심으로, 독자 여러분이 취업을 위해 무엇을(What), 어떻게(How) 준비해야 하는지, 그리고 왜(Why) 그렇게 해야 하는지 이유를 쓰고 있습니다.

기업의 채용은 과거나 지금이나 자신의 기업에 맞는 우수한 인재를 채용한다는 원칙은 변함이 없습니다. 하지만 경영환경의 변화에 따라 인재를 보는 관점과 선발 과정 그리고 평가 요건은 복잡해지고 다양해 졌습니다. 온라인 시스템을 이용한 입사 지원과 인성과 적성 검사와 같은 다양한 검사와 시험, 그리고 직무 역량을 중심으로 한 다양한 면접 방법과 평가 기법들이 도입되었습니다.

이러한 채용의 변화는 지원자들을 더 괴롭히고(?) 있는 것 또한 현실입니다. 따라서 우리는 기업의 경영환경의 변화에 따른 인재상의 의미를 이해하고, 이러한 변화에 따른 다양한 채용의 방식에 맞는 취업 준비가 필요해졌습니다.

그리고 우리가 입사하려고 하는 기업들은 글로벌 경영환경에서 살아남기 위해 고용 없는 성장과 역량을 갖춘 인재를 채용하려고 하고 있습니다. 즉 불필요한 사람, 불필요할 것 같은 사람에게는 아무런 관심도 보이지 않고 기회를 주지 않는 것이 채용 전형입니다. 그리고 자신이 가지고 있는 역량을 보여 줄 수 있어야만 취업에 성공할 수 있다는 것을 여러분들도 잘 알고 있을 것입니다.

취업 준비의 시작은 바로 입사지원서를 작성하는 것 입니다. 하지만 쉽지만은 않은 일인 것도 잘 알고 있습니다. 기업마다 비슷하면서도 상이한 질문들에 일일이 자신의 생각과 경험들은 정리하여 작성하는 것이 쉽지 않기 때문입니다. 따라서 기업을 전략적으로 선택하고 그 기업에 맞는 입사지원서를 작성하여 서류전형을 통과하는 것이 취업의 첫 번째 통과해야 할 관문입니다.

다음은 면접에 대해서 준비해야 합니다. 면접! 말만 들어도 긴장이 될 것입니다. 어떤 면접이든 자신이 면접을 통해 평가받는다고 생각하면 긴장되고 떨리는 것은 누구나 마찬가지 일 것입니다. 특히 최근에는 기업마다 필요한 인재를 채용하기 위해 다양한 면접 방식을 도입하고 있어, 취업을 준비하는데 더 큰 어려움을 겪고 있는 것을 볼 수 있습니다. 따라서 기업이 실시하고 있는 다양한 면접 방식들의 특성과 평가 방법을 알고 준비할 필요가 있습니다. 그래야 실전 면접에서 자신의 역량을 유감없이 발휘하고 높은 평가를 받을 수 있기 때문입니다.

이 책은 취업에 있어서 디테일(Details)을 말하고 있습니다. 그리고 여러분을 성공 취업으로 안내할 것입니다.

문 운 기

차 례Contents

PART 1 취업을 말하다

Chapter 1 취업의 진실

Chapter 2 취업과 합격 스펙

PART 2 입사 지원의 정석

Chapter 1 전략적 입사지원 방법

Chapter 2 실전 자기소개서 작성법

PART 1

◆

취업을 말하다

취업의 진실

취업! 도전하면 성공한다

어느 날 사무실로 택배 기사가 찾아와 내 이름을 물어 보고는 아주 작은 상자 하나를 내밀면서 서명을 해 달라고 한다. 택배 올 것이 없는데 무엇일까? 하면서 얼떨결에 확인을 했다. 상자 표지 수신자에는 분명 내 이름이 적혀 있었고, 발신자는 대학교 이름과 학과 그리고 학생의 이름이 적혀 있었다. 상자 안에는 감사 카드와 썬 크림 하나가 들어 있었다.

카드에는 취업 프로그램에 참여할 수 있도록 허락해 주어서 감사하다는 말과 취업 준비를 어떻게 해야 할지 몰라 막연한 두려움이 있었는데, 자신이 준비해야 할 것을 알게 되었고 자신감이 생겼다고 쓰여 있었다. 그러면서 더운 날씨에 강의 갈 때 썬크림을 꼭 챙겨 가지고 다니라고 한다. 이 편지를 보내온 학생은 교내 취업 프로그램에서 만났던 학생이었다. 이런 편지나 이 메일을 받을 때 이런 일을 하면서 가장 보람되고 행복한 순간이다. 이 학생은 그 해 하반기 공채에서 자신이 원하는 전자회사에 입사해서 지금은 마케팅 팀에서 근무하고 있다.

취업! 요즈음 대학을 졸업하고 취업이 됐다고 하면 과거에 집안에서 판사, 검사가 난 것처럼 집안 잔치를 하는 분위기다. 그 만큼 취업이 어렵다는 것을 반증하는 것이 아닐까? 대학에 입학을 하면서부터 취업을 걱정하는 해야 하는 현실과 취업을 포기하는 젊은이들이 많다는 기사를 접할 때마다 안타깝고 씁쓸한 마음이다.

사람은 누구나 더 좋은 근무 환경에서 일 하고 싶고, 더 많은 돈을 가지고 싶어 한다. 그리고 이런 바람을 잘못 되었다고 말할 사람은 아무도 없다. 하지만 취업은 현실이고 경쟁은 불가피하다. 또한 규모가 크고 안정적이며 급여가 높은 일자리 일수록 취업 경쟁은 더욱 더 심한 것이 사실이다.

작은 선물을 보내온 학생을 처음 만났을 때가 생각난다. 그 학생은 강의 첫날 다소 긴장되고 수줍은 표정으로 강의실 앞에서 서성거리고 있었다. "어서 오세요"라고 했더니 강의신청을 못 했는데 꼭 듣게 해 달라는 것이다. 취업 준비를 한다고 취업 카페도 방문해 보고 선배들에게 물어 봐도 자신에게 맞는 일이 무엇인지 알 수도 없고, 무엇을 어떻게 준비해야 하는지 모르겠다고 한다. 졸업은 다가오는데 4년 동안 내가 무엇을 했나 돌이켜 보면 취업 현실과 너무나 동 떨어져 있고 두렵다고 했다. 2박 3일 동안 강의가 끝나고 소감을 물었더니 그동안 막연하게 취업에 대해 두려움이 있었는데 이젠 무었을 준비해야 하는지 알게 되었고, 특히 부족한 부분을 알 수 있었던 것이 큰 도움이 되었으며, 취업을 할 수 있다는 자신감을 갖게 되었다고 했다.

이 학생처럼 취업에 대해 두려움을 가지고 있는 학생들이 많을 것이다. 대학을 졸업하면 당연히 취업을 할 것으로 생각했지만 학년이 올라가면서 취업에 대한 두려움은 커지기만 한다. 졸업을 하고 새로운 삶을 살 수 있다는 기대보다는 두려움이 앞선다. 하지만 취업을 위해 무엇을 준비해야 하는지를 알게 된다면 두려움은 사라지고 목표를 갖게 될 것이다. 두려움은 자신감으로 바뀌고, 자신만의 취업 목표를 갖게 될 것이다. 이 책은 기업 채용의 생생한 사례와 대학 강의를 통해 취업 준비생들이 가지고 있는 취업에 대한 궁금증과 막연한 두려움을 자신감으로 바꿔줄 것이다.

생각이 바뀌면 행동이 바뀌고, 행동이 바뀌면 습관이 바뀌고, 운명이 바뀐다고 한다. 마찬가지로 취업에 대한 생각을 바꾸고, 준비한다면, 자신의 직업을 가질 수 있다고 생각한다. 누구나 규모가 크고 안정적으로 보이는 대기업에 입사하고 싶은 것은 당연하다. 우리의 취업 목표도 그래야 한다. 하지만 먼저 기업의 규모나 안정성만을 따져보기 보다는 자신이 잘 할 수 있는 일이나 관심 있는 일에 도전하는 것이 먼저이어야 한다. 그리고 직무 분야에서 요구하는 역량을 갖추는 노력을 하면 된다.

채용 트렌드의 변화를 읽자

세계경제의 침체와 불확실성이 증가, 치열한 글로벌 경영환경은 인재상의 변화를 가져왔으며, 채용 트렌드의 변화를 가져왔다. 특히 우리나라는 IMF 금융위기를 겪으면서 기업들의 채용 규모와 방법에 있어서 큰 변화를 가져온 것 같다. 그리고 2008년 미국의 금융위기와 최근 유럽의 금융위기 그리고 중동 지역의 정치적 불안은 세계경제를 더욱더 어렵게 만들어 우리의 일자리를 위협하고 있다.

기업은 어려운 환경을 극복하기 위해 우수한 인재를 찾기 위해 다양한 채용 방식을 택하고 있고, 인재를 보는 관점도 크게 달라졌다. 하지만 걱정을 할 필요는 없다. 기업이 원하는 인재의 요건과 다양한 채용 방법을 알게 된다면 취업을 준비하는 것이 그리 어렵지 않을 것이다. 과거 채용에서는 자신에게 주어진 일을 성실하게 수행할 것 같은 사람들을 더 높이 평가했다. 그리고 학업 성적과 자세와 태도를 주로 관찰하면서 채용을 했다.

하지만 지금은 성실하고 올바른 품성은 기본이고, 자신이 지원하는 직무 분야에 대한 전문성과 창의적인 아이디어로 기업의 성과에 기여할 수 있는 사람이 더 높은 평가를 받는다. 따라서 기업은 다양한 경험과 활동들을 요구하고, 인성면접은 물론 토론면접, PT 면접 등 다양한 방법을 통해 우수한 인재를 발굴하려 한다. 따라서 기업의 채용 트렌드의 변화에 맞는 스펙을 쌓아야 한다.

어느 날 강의를 마치고 나오는데 한 학생이 취업에 대해 궁금한 것이 있다고 하면서 시간을 내어 달라고 한 적이 있었다. 공채에 10개 정도 회사에 지원을 했는데 한 곳도 면접 보러 오라는 통보를 받지 못했는데, 꼭 면접에 한 번이라도 가 봤으면 좋겠다고 하소연 한다. 그러면서 자신에게 어떤 문제가 있는지 알고 싶다고 했다.

그 학생은 경제학을 전공하고 있었으며 주로 대기업 마케팅 분야를 지원 했다. 평점은 중상 정도로 서류전형을 통과하는 데 큰 문제가 있어 보이지는 않았다. 그런데 외국어 능력이 낮은 것이 문제였다. 대기업 마케팅 분야는 유창한 외국어 구사 능력을 갖춘 사람을 필요로 하기 때문이다. 그래서 그 학생에게 대기업 마케팅 분야를 입사하고자 한다면 토익 스피킹 7레벨 이상이나 Opic. IH 수준이 필요하다고 조언을 했다.

다음은 어렵게 서류전형을 통과하고 면접에서 고배를 마신 경우이다. 천신만고 끝에 서류전형을 통과하고 면접에 참석했건만 탈락을 한 것이다. 먼저 면접 전형에 대한 준비를 어떻게 준비했는지 물었더니 주로 취업 카페의 면접 후기를 참고하면서 했다고 한다. 면접 전형에서 가장 어려웠던 것이 무엇인지 물었다. 프레젠테이션 면접에서 발표도 부족했고 면접관의 질문에 답변을 제대로 못한 것 같다고 하면서 그것이 불합격한 원인이라고 생각하고 있었다. 최근에 대기업들은 우수한 인재를 채용하기 위해 다양한 면접 방식을 도입하고 있다. 따라서 면접 유형별 특징과 평가에 대비하여 준비해야 한다.

기업의 올바른 선택방법

사람은 누구나 편안하고 안정적인 생활을 하길 바란다. 그래서 좀 더 규모가 크고, 사회적으로 명성이 있는 기업이나 단체를 원한다. 그리고 이렇게 생각하는 것을 이기적이라고 말 할 사람은 아무도 없을 것이다. 하지만 입사하고자 하는 기업을 선택할 때는 현재의 기업 규모와 안정성보다는 장래 성장 가능성을 염두에 두고 선택하는 것이 더 현명한 생각이다.

한 구직자가 자신은 대기업 취업이 목표라고 하면서 어떻게 준비를 해야 하는지 조언을 해 달라고 한 적이 있었다. 처음 질문을 받고 한참을 망설였다. 대기업이 한 두 곳도 아니고, 업종도 다양한데 한 마디로 쉽게 답변해 주기가 어려웠다. 그래서 대기업을 선택한 이유와 입사하고자 하는 기업에 대해 먼저 질문을 했다.

대기업이기 때문에 안정적이고 자신의 꿈을 펼치기에 적합한 곳이라고 생각하기 때문이라고 한다. 그래서 가고 싶은 회사가 어디인지 다시 물어 보았다.그랬더니 대기업 전자회사를 입사목표로 하고 있다고 한다. 그래서 그 기업의 경영이념, 비전, 인재상과 입사 희망하는 '사업

부문'과 '주된 제품'과 최근 '주요 이슈'에 대해 물었다. 하지만 그 학생은 자신이 입사하고 싶다고 말한 기업에 대해 아는 것이 별로 없었다. 그래서 지금 질문했던 것들이 자신이 기업을 선택할 때 고려해야 할 중요한 사항들이라고 말해 주었다.

자신이 입사하고 싶은 기업이 있다면 그 기업에 대해 구체적으로 알아보고 결정하는 취업 준비의 순서이다.

직무와 필요역량

세상에 모든 일들은 쉬운 것이 없다. 기업에서 연구하는 일, 물건을 만드는 일, 물건이나 서비스를 파는 일 그리고 회사 경영을 지원해 주는 일. 이러한 일들은 한번으로 끝나지 않으며, 계속해서 새로운 문제가 생기고 해결해가는 과정을 반복한다. 우리가 취업을 한다는 것은 기업에 입사해서 일을 한다는 것이다. 그리고 사람들은 저마다 하고 싶은 일과 목적도 다를 수 있다.

하지만 기업은 누구나 각자 부여된 직무를 잘 할 수 있는 사람을 원한다. 그래서 경영환경의 변화에 맞게 자신의 일을 주도적으로 수행할 수 있는 우수한 인재와 함께 일하기를 바라며, 이런 인재를 찾기 위해 노력을 한다.

나는 왜 취업을 하려는 것일까? 어떤 일을 잘 할 수 있을까? 어떤 능력을 갖추어야 하는지 스스로에게 질문을 하고 답을 찾는 것이 취업 준비의 시작인 것이다. 기업에 취업한 선배에게 어떤 일들이 있는지 물어보면 "대학에서 배운 것은 상관없고 다시 다 배워야 해" 또는 기업 설명회에 가서 들어봐도 잘 이해가 가지 않아서 취업 준비가 어렵다고 하는 학생들을 자주 보게 된다. 그도 그럴 것이 한 번도 직장 경험이 없는 학생들의 경우는 잘 모르는 것은 당연할 수도 있다. 하지만 일의 특성과 요구되는 능력을 모른다면 취업은 쉽지 않을 것이다.

대학에서 기계공학을 전공하고 전자분야 대기업 생산관리에 관심이 있다고 하는 한 사람이 있었다. 자신의 대학 평점은 3.5정도이고 어학은 토익 스피킹 6레벨을 가지고 있다고 하면서, 자신이 취업을 위해 무엇을 더 준비해야 하는지 질문을 한 적이 있었다. 그래서 필자는 그 사

R & D 분야의 주요 직무

연 구
연구 프로젝트의 수행기간은 통상 1년 ~ 10년 정도이며, 주요 연구 테마는 기술적인 난이도가 높고 미래 기업의 성장동력이 될 수 있는 신기술 분야이다. 연구에 소요되는 비용은 기업 전체 이익에서 주로 조달되며, 중앙연구소에서 주로 수행하는 프로젝트 들이다. 연구원들은 주로 석사학위 이상 고학력자들이다.

개 발
개발 프로젝트의 수행기간은 통상 6개월에서 1년 이내에 완료할 수 있는 과제를 주로 수행한다. 주요 테마는 기존 제품을 개선 하거나, 공정과정을 개선하여 효율성을 높이는 데 있다. 통상 설계실, 지방연구소라고 부르며, 공장과 가까운 곳에 위치하고 있다. 연구원들은 주로 학사학위 이상자로 구성되어 있다.

기술기획
연구개발 프로젝트를 수행하는 데 요구되는 제반 기술정보를 제공 하거나, 필요한 장비,부품 등을 지원하는 역할을 한다. 또한 연구개발 일정을 체크 하거나 필요한 사항들을 지원하는 역할을 담당한다. 주로 학사학위 이상의 이공계 인력들이 직무를 수행한다.

관리/특허
• 연구관리 담당자는 진행중인 연구개발 과제에 대한 비용을 집행하거나 정리하는 역할을 수행한다. 또한 연구원의 신상관리(평가,보상,승진), 지원 업무를 담당한다.
• 특허는 연구원의 연구개발 과제에서 결과물에 대해 지적재산권을 확보하는 일련의 과정 지원하거나, 특허 분쟁에 대해 참여하여 진행을 지원한다.

생산 분야의 주요 직무

생 산
일반적으로 제품을 만드는 것을 말하며, 주로 제조라고 한다. 다만 반도체나 디스플레이, 정유산업에서는 공정이라고 부르기도 한다. 그리고 생산이라는 의미는 제품을 제조하는 것 이외에도 재화, 용역, 서비스 제공하는 것도 포괄적인 의미에서 생산이라고 할 수 있다.

생산기술
불량률을 줄여 생산의 효율성을 높이거나, 새로운 공장의 Set-UP, 새로운 생산 기술의 연구 개발, 신 생산기술의 적용, 설비, 장비의 도입 검토, 설치 등 생산의 최적화를 위한 제반 활동들을 수행한다. 기술적인 난이도가 높고, 주로 경력이 많은 전문가들로 구성된다.

생산기획
주문 받은 다양한 모델의 제품을 납기 내에 효율적으로 제조하기 위한 계획을 수립하거나, 생산 CAPA 에 따라서 생산제품의 생산계획을 생산관리 부서와 조율하는 직무를 수행한다. 주로 산업공학, 통계학, 경영학 전공자들이 직무를 수행한다.

생산관리
생산계획에 의거하여 제품이 생산될 수 있도록 지원하는 일을 담당한다. 생산실적을 관리하고, 불량률 줄이기 활동, 납기에 맞추어 출하하는 일, 생산에 필요한 부품, 원료,자재 등을 체크하고 지원하는 역할을 담당한다. 또한 생산에 관련된 인력의 신상에 대한 지원을 한다.

영 업	국내영업과 해외영업으로 구분되며, 국내영업의 경우는 직무적성이 매우 중요하며, 해외영업은 탁월한 외국어 구사능력이 요구되면 협상능력과 프레젠테이션 스킬이 중요하다. 영업은 주로 고객들에게 제품과 서비스를 구매하도록 하는 역할을 수행한다. 시스템(장비/설비) 영업은 주로 이공계인력이 주로 담당하며 기술영업이라고 한다

마케팅	기업의 M/S, Profit 등을 높이기 위한 제반 활동을 담당한다. 마케팅 지식이 요구되며, 특히 해외 마케팅의 경우는 탁월한 외국어 구사능력과 프레젠테이션 능력, 분석 능력이 요구된다. 주로 시장조사분석, 경쟁사분석을 통한 마케팅 전략을 수립한다.

판촉/광고	마케팅의 한 영역이지만 많은 회사가 별도 조직으로 운영하고 있으며, 자사 제품의 인지도를 높이기 위해 시음회 같은 이벤트를 구상하고 실시하거나, 제품을 알리기 위한 다양한 광고를 기획하고 실행하는 업무를 수행한다.

기획/관리	• 영업기획 부서는 매출 증대를 위해 영업전략 수립하거나, 경쟁사의 영업전략을 분석하여 판매전략을 수립하는 업무를 수행한다. • 영업관리 부서는 영업부서의 주문 입력하고, 수주 내용을 생산관리와 공유한다. 또한 월/연간 영업실적을 결산한다. 그리고 영업부문 인력의 신상관리는 물론 원활한 영업활동을 수행할 수 있도록 지원하는 업무를 수행한다.

인사/교육/노무	• 인사 교육은 인력을 선발하고, 교육훈련을 통해 사원들이 자신의 맡은 직무를 성공적으로 수행할 수 있도록 지원하며, 사원들의 평가, 보상, 승진, 조직관리 업무를 수행한다. • 노무는 원만한 노사관계가 유지될 수 있도록 경영진과 근로자 사이에서 조율, 조정하는 역할을 담당한다. 공인노무사의 역할이 커지고 있다.

총무/홍보	• 총무부서는 회사차원의 Event, 의전 담당, 때로는 대 정부관계 업무를 담당한다. • 홍보부서 : 기업이미지 전략수립 및 다양한 홍보활동 전개한다. 특히 기업활동 정보를 언론 매체에 전달하여 소비자들이 좋은 기업의 이미지를 갖도록 하는 역할을 수행한다.

자금/금융/회계	• 자금부서는 기업 활동에 필요한 자금을 확보하고 집행하는 일을 담당한다. • 금융부서는 회사 내 잉여자금 또는 외화자금 등을 국내외 시장에서 운용하는 일을 담당한다. • 회계부서는 각 부서에서 발생한 비용을 회계규정 및 세법에 맞게 정리하는 업무를 수행한다.(월/분기/년 단위로 결산 업무 수행)

법 무	회사 경영활동에 수반되는 계약서를 검토하고, 분쟁 발생 시 법적인 사항을 총괄 지원하는 업무를 수행한다. 최근에는 국가간 계약이 많아 해외계약서 검토 및 특허 소송과 관련한 이슈가 많다. 따라서 해외변호사의 역할이 커지고 있다.

람이 생산관리 직무에 대해 얼마나 알고 있는지 파악하기 위해 '생산관리' 업무가 어떤 일을 하는지 질문을 했다. 대답은 '생산이 잘 되도록 사람을 관리하는 일'이라고 했다. 자신이 지원한 직무 분야에 대해 잘 모르고 있었다.

아마도 그 사람은 자신의 평점과 어학 수준이 지원한 기업에서 서류전형을 통과할 수 있는 수준이 되는지 궁금해서 질문을 했던 것 같다. 그런데 서류전형 통과 여부를 말하기 전에 지원 분야에 대해 먼저 물어본 것에 대해 다소 의외라는 표정이었고, 자신이 지원한 분야에 대해 잘 모르는 것에 겸연쩍어 했다. 취업을 하기 위해서는 자신이 관심을 가지고 있는 분야에 대해 잘 알고 지원하는 것이 매우 중요하다.

따라서 취업을 하는데 있어서 막연한 자신의 관심만으로 입사지원을 하기보다는 자신이 하고 싶은 일이 있다면 그 일의 내용을 파악해 보거나 경험을 하고 결정하는 것이 중요하다. 유통업에 종사하고 싶다면 백화점, 할인점, 편의점에서 아르바이트를 해 보고, 법학을 전공하고 기업에 취업하려면 법률사무소 실습을 하고, 생산현장이 궁금하면 생산현장에서 조립을 해보자. 그리고 자신이 할 수 있는 일을 찾아 취업 준비를 하자.

기업의 인재상과 취업

취업 시즌이 되면 기업의 인사책임자가 기업이 어떤 인재를 원하는 지 방송이나 언론 매체를 통해 인터뷰한 기사를 볼 수 있다. 인사책임 자들은 인재상에 맞는 준비된 인재를 채용할 것이라고 한다. 맞는 말이 다. 하지만 취업을 준비하는 사람들이 그 말을 듣고 구체적으로 자신이 무엇을 준비해야 인재상에 적합한 사람이 될 수 있는지 이해하기란 쉽 지 않다. 실제 인재상의 키워드는 서류전형과 면접에서 구체적인 내용 으로 적용되기 때문에 인재상의 키워드만을 보고 취업 준비를 하는 데 는 쉽지 않다는 말이다.

공채 시즌에 셀 수 없이 많이 지원했지만 서류전형을 한 번도 통과하 지 못한 한 학생이 있었다. 그 학생을 만났을 때 얼굴에는 졸업 전 취업 이라는 중압감과 두려움, 절실함이 있어 보였다. 기업은 어떤 사람을 채 용하는 것인지 정말 궁금하다고 했다. 그러면서 도움을 받기를 원했다. 시간이 많지 않았던 탓에 실제 입사 지원했던 서류와 성적증명서와 추가 적으로 자신이 내세울 만한 활동이나 경험을 정리해서 가져오게 했다.

며칠 후 그 학생을 다시 만났다. 조용한 성격에 자신 없는 표정으로 입사지원서와 성적증명서를 내밀었다. 그 학생의 이력서를 보는 순간 서류 전형에 통과하지 못한 것이 당연한 결과였을 것 같다는 생각이 들 었다. 성적은 중간 정도였으며, 지원 분야는 대학 전공분야와 관련성 이 낮은 분야였다. 또한 성격상으로도 잘 맞지 않을 것 같은 인상을 받았다. 정리해 온 내용을 보면서 혹시 지원 분야와 관련한 다른 지식과 경험이 있는지 살펴보았지만 거의 없었다. 다만 어학 수준은 다소 높은 편이었지만 직무와 관련한 자격증이나 경험들도 없었으며, 대형 할인점에서 아르바이트 경험이 전부였다.

지원했던 기업들은 대부분 대기업이었고, 지원 분야는 경영지원 분야와 마케팅 분야였다. 자기소개서를 읽어 보았다. 눈에 띄는 것은 성실하고, 적응력이 뛰어나며 해외 경험을 통해 글로벌 역량을 갖추었다고 쓰고 있었다. 자기소개서 내용을 읽어 보면서 준비된 인재라는 느낌은 없었다. 이 학생을 보면서 재직시절 동료 팀장들과 나누었던 말이 생각났다. 요즘 면접에 오는 학생들 중에는 회사가 어떤 일을 하는지 알지도 못하면서 해보겠다고 하는 지원자가 왜 이렇게 많았는지? 준비는 전혀 하지 않고 연구개발, 해외영업, 마케팅 등등 좋아 보이는 일만 해보겠다고 한단 말이야. 도대체 무슨 일을 하겠다는 거야, 지원자는 많은 데 도대체 쓸 만한 사람은 별로 없단 말이야.

자신의 능력과 경험을 고려하지 않고 무조건 대기업에 입사하고자 하는 자신의 희망만을 가지고 지원하고, 자신이 잘 할 수 있는 분야를 찾기보다는 자신의 관심 분야만을 지원한다면 위에서 만난 사람처럼 서류전형을 통과할 수 없을 것이다. 그런데 이 학생만 그런 것일까? 아니다. 취업에서 실패를 했거나, 취업을 준비하는 구직자들 중에는 자신이 입사하고자 하는 회사에 대한 정보도 없고, 자신이 희망하는 직무에 대한 준비와 열정을 구체적으로 보여줄 수 없을 때 기업의 인재상과 부합하지 않는 인재가 되는 것이다. 반대로 앞서 말한 것처럼 기업을 탐색하고, 요구하는 역량을 찾아 준비하면 기업에서 필요로 하는 진정한 인재가 되는 것이다.

기업이 원하는 진정한 인재는 인재상의 키워드만을 반복해서 자기소개서에 쓰고, 면접에서 반복하는 인재가 아니라, 자신이 지원한 직무 분야를 잘 알고 필요한 지식과 경험 , 다양한 활동 경험 등 디테일을 제시할 수 있는 인재이다.

취업과 대학생활

대학 4학년에 다니고 있는 자식을 둔 아버지 한 분을 만났다. 졸업 전에 자식이 취업을 해야 하는데 혼자서 고민만 하고 있고, 부모로써 특별히 해줄 것이 없어 안타깝다고 했다. 아마도 취업을 앞둔 자식을 가진 부모님의 한결같은 마음일 것이다. 사람은 누구나 자신에게 필요한 것을 선택하고 그 선택의 결과에 따라야 한다. 하지만 이왕이면 현명한 선택을 하는 것이 더 좋은 결과를 얻을 수 있다. 취업을 준비하는 학생들은 학생들대로 졸업 시즌은 다가오는데 취업에 필요한 정보의 수집이나 입사지원서 작성, 면접 등에 대한 대비를 어떻게 해야 할지 몰라서 고민은 하지만 스트레스만 가중된다. 그리고 취업에 필요할 것이라고 생각되거나 친구들이 하는 것을 따라서 이것저것 해보지만 불안하기는 마찬가지다.

모든 일에 선택과 결정은 자신이 하는 것이다. 하지만 취업 준비를 함에 있어서 혼자서 준비하기 보다는 둘이서, 둘보다는 여럿이 함께 준비하는 것이 좋다는 것을 말하고 싶다. 혼자서 취업 준비를 할 수도 있지만 정보가 부족할 수 있고, 시행착오로 시간과 돈을 낭비할 가능성이 높다. 그리고 여러분을 도와줄 수 있는 전문가를 만날 수 있다면 더 많은 도움을 얻을 것이다. 이 책도 여러분의 취업 준비에 함께하는 친구이자 동반자가 되고자 한다.

언젠가 평소 알고 지내는 지인의 아들이 사무실을 방문한 적이 있다. 대학에서 컴퓨터 공학을 전공했으며, 지금은 유통분야에 관심을 가지고 있다고 한다. 사실 이 사람을 만나기 전에 지인은 아들 녀석이 대학 졸업을 앞두고 여기저기 입사원서는 쓰는 것 같았는데 한 번도 면접 보러 가는 것을 본 적이 없어 걱정이라면서 어떻게 취업 준비를 해야 하는지 조언을 해달라는 부탁이 있었다.

그 사람은 취업에 대한 의욕과 자신감이 없어 보였다. 아마도 많은 지원을 했지만 서류전형을 통과한 적이 없기 때문에 그런 것 같았다. 묻는 말에도 답변을 하기 싫어하는 표정이었다. 조언을 해주기 전에 그동안 지원했던 회사들과 분야를 물었다. 그리고 어떻게 준비를 했었는지 물어 보았다. 주로 대기업에 지원했으며, 이름을 들어보지 못한 기업은 아예 지원을 하지 않았다고 했다. 그리고 주로 혼자서 입사지원서를 작성하고 지원했다는 것이다. 많이 힘이 들었을 것이라 생각되었다.

앞에서 본 것처럼 많은 사람들이 혼자서 고민하고 취업 준비를 한다.

하지만 쉽지 않은 일이다. 따라서 친구와 함께 또는 전문가와 함께 고민하고 준비할 것을 제안하고 싶다. 그 방법 중에 하나가 취업 동아리 같은 것이다. 취업 동아리 활동을 통해 자신의 취업 목표를 정하고 구체적으로 준비해서 자신이 목표한 기업에 입사한 학생들이 있다. 이 동아리는 금융 분야 취업을 목표로 한 동아리였으며, 모의면접을 요청해서 만났던 학생들이었다. 회원은 8명이었고 동아리 활동은 주로 학업을 마치고 만났는데, 기업정보의 수집과 분석을 하였으며, 필요한 자격증 취득을 위해 공부와 면접 실습, 프레젠테이션 , 토론도 하면서 자신감을 갖게 되었다고 한다.

그리고 시간이 될 때 선배를 찾아 이야기를 들었으며, 채용정보를 얻기 위해서 일주일에 한 번 이상은 취업 부서를 방문하고 했다고 한다. 또한 기회가 되면 교내 취업 프로그램에도 적극적으로 참여해서 취업을 준비했다고 한다. 그래서 그런지 취업 목표가 명확했고, 직무에 대한 기본 지식과 자격증을 잘 갖추고 있었다.

그해 공채에서 7명은 취업에 성공했고, 1명은 MBA를 하기 위해 미국으로 유학을 갔다.

같은 취업 목표를 가진 친구들과 동아리 같은 것을 만들어 함께 준비하는 것이 더 효율적이고 효과적인 취업 준비 방법이다.

취업준비의 7 : 3 법칙

겨울 방학 중에 지방의 한 대학으로부터 강의를 부탁받은 적이 있었다. 아직 대학에 입학하지도 않은 수시 합격자를 대상으로 한 강의였기 때문에 더 기억이 난다. 처음 강의 의뢰를 받았을 때, 대학에 입학도 안한 고등학생을 대상으로 무슨 취업 관련 강의지? 하고 의아해 했었다. 대학생활을 어떻게 해야 졸업 전에 취업을 할 수 있을지 입학할 때부터 목표의식과 방향을 설정해 주기 위한 교육이라는 관계자의 말을 듣고 이해할 수 있었다. 그런데 이런 프로그램을 이 대학교에서만 실시하는 것은 아니었다. 전국에 많은 대학들이 신입생 때부터 이와 유사한 프로그램을 진행하는 것을 볼 수 있다.

대학에 입학하면서부터 졸업 후 취업을 위해 준비해야 하는 현실이 너무 슬프고 가슴 아프다. 대학의 지성과 낭만은 사라진 것인가? 아니다. 현실을 냉정히 받아들이고 대학생활을 잘 계획하고 실천한다면 대학생활의 낭만과 취업이라는 두 마리 토끼를 잡을 수 있다. 그 방법을 제시학고 있는 것이 바로 이 책이다.

같은 해에 똑같이 대학을 입학했지만 졸업을 하지 못하고 연기하거나 유예하는 사람들이 많다. 취업을 한 사람은 졸업을 하고 그렇지 못한 사람들은 휴학이나 졸업 연기를 하면서 학교에 남아 있는 것이다. 대학생활의 결과가 취업이라고 해도 과언이 아닌 것이다. 일반적으로 대학시절 대부분의 학생들은 열심히 공부하고, 다양한 활동에 참여하기도 한다.

하지만 취업이라는 관점을 생각하지 않고 각자 자신이 필요하다고 생각하여 습득한 지식과 활동들이 취업에서 도움이 되지 않는 것도 많다는 것을 잘 알지 못하는 경우가 많다.

그 이유는 대학생활이 장래 졸업을 하면서 입사하고자 하는 기업과 직무에 필요한 지식과 경험을 축적하는 과정이라는 것을 간과하거나, 장래 자신의 진로 목표 설정이 불명확해서 나타나는 것이 아닐까? 그래서 최근 들어서 많은 대학이 입학도 하기 전에 예비 신입생을 대상으로 취업 교육을 하고 있는 것 같다.

그동안 기업의 인사책임자로서의 많은 지원자들을 채용했던 경험과 대학에서 강의와 컨설팅을 하면서 얻은 학생들의 취업준비 행태를 종합해 보면 크게 세 가지 유형으로 분류해 볼 수 있을 것 같다.

첫 번째는 학업에만 몰두하고 모임이나 단체에서 활동한 경험이 없는 경우이고 , 두 번째는 학업 보다는 교내외 활동에 더 많은 비중을 두고 대학 생활을 한 경우이며, 세 번째는 전공 분야에 대한 지식습득과 다양한 활동경험을 병행하는 사람이다.

첫 번째 유형의 특징은 학업에 대한 몰입도가 뛰어나고 높은 평점을 가지고 있으며 자신의 주장이 강한 편이다. 반면에 단체 경험이 없어 대인관계 능력이 부족하며, 다른 사람들과 협력하여 일을 수행하는 데 어려움을 겪을 가능성이 높다. 그래도 이런 유형을 가진 지원자는 연구개발 분야와 같이 몰입도를 더 요구하는 직무 분야 채용에서 높은 평점을 받을 수 있다. 하지만 적극성과 팀워크가 요구되는 영업 분야나, 생

산관련 분야와 같이 팀워크가 더 요구되는 일에는 적합하지 않은 사람
으로 평가될 가능성이 높다.

두 번째 유형의 사람들은 학업 보다는 교내.외 활동에 더 많은 관심
을 가지고 시간을 보내기 때문에 상대적으로 낮은 학업성적을 가지고
있는 경우가 일반적이다. 대인관계 능력이나 적극성은 매우 좋으나, 자
신의 전공 분야와 관련한 직무에서 관심도가 낮은 사람으로 평가될 가
능성이 높다. 특히 낮은 학업성적은 기업의 온라인 서류전형 시스템에
서 필터링(filtering)될 확률이 높다. 즉 대학시절 다양한 활동 경험들은
분명 중요하지만 지나치게 낮은 학업 성적은 취업의 발목을 잡을 가능
성이 높다.

끝으로 학업 성적과 다양한 활동들이 균형을 이루고 있는 지원자이
다. 자신의 전공분야 평점도 중상위권의 평점을 유지하면서도 다양한
활동 경험을 가지고 있는 지원자라면 대부분의 기업 인사담당자는 이
런 지원자를 채용하려고 할 것이다 . 그 이유는 기업은 자신이 하는 직
무에 대한 전문성과 다양한 사람들과 관계를 형성하면서 일을 수행하
는 곳이며, 이를 통해서 기업에 더 많은 성과를 낼 수 있기 때문이다.

평점은 4.5 만점에 3.67 이고, 어학은 Opic. 레벨 IM 3였다. 그리고
교내 봉사 동아리에서 활동하면서 2년간 봉사활동을 했고, 방학 때는
아르바이트를 하면서 스스로 등록금과 생활비를 마련했으며, 직장인이
가져야할 자세를 배웠다고 하는 지원자가 있었다. 이 사람은 면접관이
묻는 직무에 관한 질문에도 기본적인 개념과 원리를 잘 이해하고 있었
으며, 입사 후에 자신이 어떻게 기여할 것인지, 그리고 자신의 장래 목

표가 분명했다. 당연히 최종 합격을 했고 지금은 자신이 원했던 기업에
다니고 있다.

후기는 후기일 뿐

사람은 자신이 처음 해보는 일을 할 때는 누군가 먼저 경험을 한 사
람의 이야기를 듣고 불필요한 시간과 비용을 낭비하지 않으려고 한다.
올바른 생각이다. 다른 사람들의 경험을 참고하지 않는다면 자신이 처
음 하는 일에서 많은 시행착오를 겪을 수 있다는 것을 잘 알고 있다. 마
찬가지로 취업을 준비함에 있어서도 먼저 취업을 한 사람들의 경험을
참고하는 것은 큰 도움이 될 수 있다.

그래서 취업 준비하고 있는 많은 구직자들은 인터넷 취업포탈 사이
트나 카페에서 취업 후기를 보거나 기업에 대한 채용과 관련한 정보들
을 참고하여 취업을 준비하는 것으로 알고 있다. 분명 도움이 되는 내
용들도 많다. 하지만 많은 후기의 내용이나 채용정보들 중에는 확인
되지 않은 사실이나 올바르지 않은 것들도 많다. 또한 검증할 방법도

없다.

그럼에도 불구하고 취업이 절실한 구직자들은 변별력이 없는 상태에서 그 말을 믿거나, 유사하게 행동을 하여 오히려 취업을 준비하는 데 큰 걸림돌이 되기도 한다.

후기에 글을 올리는 사람들은 자신의 경험을 참고하여 다른 사람들에게 도움이 되기를 바라지만 때로는 도움이 되기보다는 오히려 취업에 저해 요인이 될 수 있다는 것도 생각해 보아야 한다. 왜냐하면 글을 올린 사람도 전문가가 아니고 자신의 생각과 경험을 그냥 적었을 뿐이기 때문이다.

현직 인사팀장으로 재직할 때 학생들이 자주 방문하는 취업 사이트나 후기에 대해 관심이 많았다. 그 이유는 우리 회사에 대해 어떤 글들이 올라오는지 모니터링해야 하기 때문이었다. 주로 취업준비생들이 많이 찾는 'OO뽀개기' 또는 'XXX 취업' 같은 취업 카페에서 진행되고 있는 채용면접에 대한 글들을 보곤 했다. 또한 취업 족보라고 유료로 판매하는 사이트를 찾아 우리 회사에 대한 자료를 구매하도록 해서 어떤 내용들이 있는지 알아본 적도 있었다.

하지만 우리 회사의 채용과 관련해서 서류전형 기준 또는 면접 전형에서 지원자들이 보았거나 느꼈던 내용, 자신들이 면접관으로부터 받았던 질문들 그리고 자신들이 했던 답변이나 행동들을 대해 다양한 글들이 올라 왔지만 올바른 내용은 찾아볼 수 없었고, 주로 자신의 생각이나 느낌을 적고 있었다. 어떤 지원자는 면접관이 자신에게 그런 질문을 하게 됐는지 이유도 모르면서 자기 나름대로 질문에 대한 생각과 자신의 답변 내용을 올려놓은 경우도 있었다. 또한 취업 족보라고 하는 것도 사실과 다른 내용들이 더 많았다.

우리 회사에서 면접을 하고난 후 취업 카페에 한 지원자가 올렸던 후기 내용이다. "처음 면접장에 들어가니까 자기소개를 하라고 하고, 자기소개가 끝난 다음에는 면접관들이 개별적으로 질문을 했는데 자신에게는 주량이 어떻게 되느냐? 술 먹고 싸움해 본적 있느냐라는 질문과 어학 점수가 낮은 데 어학연수는 왜 가지 않았나? 그리고 자기소개를 하는데 앞에 있던 다른 지원자가 갑자기 일어서서 영어로 자기소개를 하는 바람에 좀 당황했는데 자신은 그냥 앉아서 했음, 주량은 2병, 어학능력에 대해서는 어학연수를 가지 않아도 잘 할 수 있을 거라 생각해서 학원 수강을 했다고 했습니당~. 자신은 A 면접실에서 면접을 봤는데 면접관 중에 안경 낀 사람이 있었는데 까칠함. 그 방에 들어가는 분 조심 하세염. 저는 나름 잘 했다고 생각합니당~. 나중에 면접 보시는 분 참고 하삼 ㅋㅋㅋ"

위와 유사한 후기 내용은 얼마든지 볼 수 있을 것이다. 그리고 이 글을 올린 사람은 면접장 안에서 있었던 상황을 자신이 기억나는 대로 적은 것 같다. 하지만 이 질문 말고 정말 중요한 질문들이 있었는데 그런 내용은 찾아볼 수 없었다. 다른 지원자들이 올린 글에서도 실제 면접에서의 있었던 질문과는 다른 내용이었으며, 면접관의 의도와는 다르게 자신이 생각하는 관점에서 적고 있는 경우가 많았다. 따라서 취업을 준

비하기 위해서 기업별 후기를 참고는 할 수 있지만 위 사례에서 본 것
처럼 그 내용을 그대로 믿고 사전에 답안을 준비한다던지 혹은 흉내를
내는 것은 위험한 일이다.

Chapter 2

취업과 합격 스펙

취업과 신입사원의 역량

세상의 많은 일 중에서 누구나 쉽게 할 수 일이라면 그 일을 하고 있는 사람의 가치를 높게 평가하지 않을 것이다. 그리고 많은 연봉과 좋은 근로환경을 기대하기는 어려울 것이다. 그래서 많은 사람들이 안정적이고 사회적인 인정을 받을 수 있다고 생각하는 대기업 취업을 희망하는 것 같다.

하지만 취업을 한다는 것이 대기업이나 안정적이고 편안한 직장에 입사한다는 것만은 아니다. 자신이 관심 있고 잘 할 수 있는 일을 할 수 있다면 그것이 행복이 아닐까? 진정한 취업은 자신이 인정받는 것이다. 그리고 자신을 인정받기 위해서는 여러 가지 요건들이 있겠지만 그 중에서도 기업이 요구하는 직무에 필요한 지식을 습득하는 것이다.

　기업은 직무에 따라 전문성을 갖춘 인재를 필요로 한다. 쉽게 말하면 일을 하는데 필요한 기본적인 지식과 관련된 경험을 가지고 있는 사람이다. 그리고 이를 바탕으로 응용할 수 있으면 더 높은 평가를 받을 수 있다. 최근 들어서 많은 사람들이 전문직에서 일하기를 희망하고 있다. 불확실한 장래에 꼭 필요한 것이 일에 대한 전문적인 능력을 갖추는 것이라고 생각하기 때문이다. 그래서 많은 학생들 중에도 전공분야를 살려 관련성이 많은 직무 분야에 취업하기를 희망하고 있다.

　그럼 취업을 하는데 있어서 지식과 경험들이 어떻게 평가되고 있는지 알아보자. 대학에서 기계공학을 전공하고 선행기술팀에서 일하기를 희망하는 사람이 있었다. 기계공학은 선행기술팀에서 필요로 하는 기술 분야와 관련성 있는 학문이다. 면접이 시작되고 면접관은 왜 연구개발 분야, 특히 선행기술팀을 지원하게 됐는지를 물었다.

　그러자 지원자는 대학시절부터 관심이 많았다고 하는 것이었다. 면접관은 선행개발팀 업무 중에서 구체적으로 어떤 직무를 담당하고 싶은지를 질문했다. 아직은 잘 모르겠고 입사 후에 하나씩 배워 보겠다고 대답을 했다. 끝으로 자신이 선행기술팀에 적합한 이유를 물었을 때 책임감이 뛰어나고, 자신감도 있고, 열정도 있으며, 도전정신도 있고 …, 더 이상의 추가 질문은 없었고 그 지원자는 부적합한 사람으로 평가되었다.

많은 경우 지원자들이 자신이 하고자 하는 직무 분야에 대해 잘 모르거나, 직무와 연계한 자신의 지식과 경험을 구체적으로 제시하지 못해서 탈락하는 것을 볼 수 있다. 따라서 자신이 하고자 하는 직무분야나 관심 있는 분야에 지원한다면 반드시 직무의 특성을 이해하고 자신이 가지고 있는 역량을 제시할 수 있어야 한다.

이런 지원자도 면접에서 능력을 인정받지 못한 또 다른 경우이다. 자신이 지원한 분야와 관련하여 대학시절 이수한 과목들의 평점이 매우 낮거나, 직무와 관련성 있는 과목을 이수하지 않은 지원자들이다. 실제 면접에서 면접관은 전공분야 평점이 낮은 이유를 물으면서 어떻게 주어진 일을 성공적으로 수행할 수 있는지를 물었다. 지원자는 대학시절

취업과 신입사원의 역량

인성 역량 ⇨
- 올바른 가치관 : 직업의식, 다양한 사고
- 적극적인 자세 : 실행력, 부단한 자기 혁신, 문제의식
- 도전정신 : 목표의식, 문제해결 노력
- 팀 워 크 : 개인과 조직의 조화, 고객지향
- 창 조 성 : 자신의 아이디어를 바탕으로 성취 경험

전문 역량 ⇨
- 전공지식 : 업무수행에 필요한 전공지식
- 경   험 : 인턴십 등 직무와 관련한 경험
- 자 격 증 : 업무수행과 관련한 해당분야 자격증

글로벌 역량 ⇨
- 어학능력 : 글로벌 비즈니스에 필요한 언어능력
- 감   각 : 해외 경험을 통한 문화의 다양성을 이해

이 분야에 대한 관심이 많았으며 나름대로 열심히 했다는 말과 입사만 시켜주면 부족한 것은 입사해서 열심히 배우겠다고 했다. 면접관은 실망한 표정으로 "네, 알겠습니다"라고 짧게 응대를 하면서 질문을 마쳤다. 올바른 취업 준비는 신입사원으로서 필요한 역량을 쌓는 것이다.

취업과 정보수집 방법

대학을 졸업하면서 자신이 원하는 기업에 입사하여, 하고 싶은 일을 할 수 있다면 이만한 행복이 어디 있을까? 대학시절 자신이 관심 있는 기업이나 직무에 대해 정보를 수집하는 것은 취업에 있어서 매우 중요한 일 중에 하나이다. 하지만 자신이 원하는 기업과 직무에 대한 정보를 수집하고 분석하면서 취업 준비를 하는 것이 쉽지만은 않다.

취업에 필요한 정보를 얻을 수 있는 곳을 알 수 있다면 취업 준비의 반은 되었다고 봐도 과언이 아니다. 기업이 필요로 하는 인재가 누구인지 알 수 있고, 필요한 역량을 미리 준비할 수 있기 때문이다. 하지만 쉬운 일만은 아니며, 시간과 비용의 효율성을 고려해 봐야 한다. 취업에 대한 정보 없이 무계획하고 무리한 취업 준비를 하게 되면 시간과 돈을 낭비하는 것은 물론 심지어 학업까지 망치게 되어 취업에 실패할 수도 있다. 따라서 학업을 충실히 하면서 필요한 취업정보를 습득하는 것이 가장 효과적이고 효율적인 방법이다.

그 첫 번째 방법이 교내에 있는 취업 지원 부서를 적극 활용하는 방법이다. 그 이유는 여러분 가까이에 있어서 시간과 비용을 절약할 수 있으며, 기업과 채용에 대한 많은 정보들을 가지고 있기 때문이다. 또한 취업특강이나, 입사지원서 클리닉, 모의면접 등 다양한 취업지원 프로그램을 운영하고 있기 때문에 취업준비를 하는데 도움을 받을 수 있다. 그리고 기업이 채용하기 위해 추천을 부탁하거나, 취업설명회를 하기 위해 찾아가는 곳이기도 하다.

인사팀장으로 재직하던 때에도 자주 찾아갔던 곳이다. 그 때마다 우연하게 취업지원 부서를 찾았던 학생들과 만나 이야기 할 수 있었고, 우수한 학생을 만난 경우에는 명함을 주고 연락을 하게 한 적도 있었다. 그리고 취업에 대해 궁금해 하는 학생의 경우는 기업이 어떤 인재를 원하는지? 무엇을 준비해야 하는지? 평가는 어떻게 하게 되는지 등 취업과 관련한 이야기를 나누곤 했다. 그때 우연히 만났던 사람들 중에는 취업을 하고 감사의 전화나 문자를 보내온 경우도 여러 번 있었다.

다음은 기업의 홈페이지에서 정보를 수집하는 방법이다. 자신이 가고자 하는 기업의 홈 페이지를 즐겨찾기에 해 놓고 자주 방문해서 기업의 정보를 습득하고 스크랩하는 것이다. 기업의 홈페이지는 기업을 외부에 알리기 위한 모든 정보들이 총 망라되어 있다. 대표이사 인사말을 통해 기업의 경영방침과 사업 방향을 파악할 수 있고, 사업 분야별로 새로운 제품이나 신기술을 볼 수도 있으며, 특히 인재채용과 관련한 인재상과 원칙, 채용 프로세스는 물론 사원채용 모집공고를 알 수 있다.

나아가 면접에서 자주 질문되는 "우리 회사에 대해 아는 대로 말해 보세요" 혹은 "왜 , 입사지원 하였습니까?"와 같은 질문에 잘 답변할 수도 있다.

세 번째는 기업에 재직 중인 지인이나 선배를 통해 그 기업의 정보를 얻는 방법이다. 특히 자신이 입사 후에 하고 싶은 직무 분야에서 일하고 있는 사람이라면 더욱 더 좋다. 현재 직무를 수행하고 있기 때문에 그 누구보다도 직무에서 필요한 역량에 대해 잘 말해줄 수 있다. 가끔 기업에 재직 중인 사람들을 어떻게 찾을 수 있는지 묻는 사람이 있는데, 지도교수, 취업지원부서 담당자, 부모님, 친척 등 주위에 있는 사람을 이용하면 쉽게 찾을 수 있을 것이다.

끝으로 정부기관이나 민간기관에서 운영하는 취업 포탈을 잘 활용하

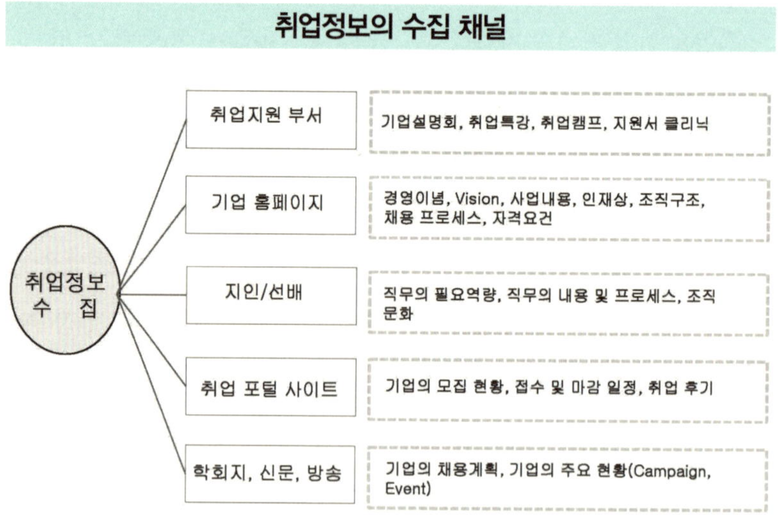

는 것도 도움이 된다. 많은 기업들의 채용정보를 한 곳에서 쉽게 볼 수 있는 것은 물론 시간과 공간을 구애 받지 않고 정보를 얻을 수 있기 때문이다. 하지만 면접후기라든지 입사지원서 작성 팁, 족보라고 하는 것들은 100퍼센트 신뢰할 수 없기 때문에 취사선택을 잘 해야 하며, 자칫 취업 준비를 하는데 오히려 독이 될 수도 있다는 것을 알아야 한다. 개인적인 생각이지만 취업 포탈은 기업의 채용정보를 알아내는 수단으로만 활용하는 것이 좋다고 생각한다.

취업 스펙의 디테일

취업을 위한 '취업 스펙'이 필요 없다고 말하는 사람도 있고, 꼭 필요하다고 하는 사람도 있다. 또한 중요하다고 말하는 사람도 있고 그렇지 않다고 하는 사람도 있다. 하지만 그 분들의 말은 서로 강조하는 부분이 달라서 그런 것이 아닐까 생각한다. 먼저 취업 스펙이라고 하는 것을 알고 나면 이러한 오해도 풀릴 것이라고 생각한다. 또한 취업을 준비하는 여러분이 해야 할 행동이 무엇인지도 알 수 있을 것이다.

먼저, 스펙(Spec.)이란 말에 대해 알아보는 것이 좋을 것 같다. 스펙이라는 말은 영어의 Specification을 줄여서 부르는 말로 상세함, 구체적, 내역이라는 뜻과 명세서, 어떤 가공품이나 특허 출원의 설명서를 말한다고 한다. 따라서 취업 스펙이라고 한다면 기업이 지원자들을 파악하기 위해 입사지원서에 기재하도록 요구하는 모든 항목들이며, 스펙이 "좋다, 나쁘다"라고 하는 것은 기업이 지원자 개인별로 각 항목의 수준 보고 판단할 때 쓰는 표현이라고 할 수 있다. 그리고 기업마다 중요하게 생각하는 항목이 다르기 때문에 획일적으로 스펙이 "좋다' '나쁘다"라고 단정해서 말할 수는 없다.

그런데 왜 많은 사람들이 취업 스펙이 중요하다고 말을 하고, 취업 스펙을 높이기 위해 노력해야 한다고 하는지 알아볼 필요가 있다. 입사지원서는 지원자의 다양한 정보들을 포함하고 있으며, 자신의 설명서와 같으며 각각의 항목들은 기업에서 지원자의 적합성을 판단하는 중요한 자료이다.

다시 말하면 서류전형의 근간이 되기 때문이다. 지원자의 인적사항, 병역사항, 신체사항, 학력사항, 경력사항, 가족사항, 기타 어학 및 컴퓨터 Skill, 활동사항, 그리고 자기소개서. 이러한 각각의 항목들의 수준과 내용들은 지원자를 판단하는 매우 중요한 정보이며, 이것이 바로 지원자의 취업 스펙인 것이다.

취업 스펙 중에서 가장 많이 이야기 되는 것이 바로 '학벌'이다. 많은 사람들은 기업 채용에 있어 학벌에 의한 차별이 많이 있다고 생각하고 있다. 특히 대기업의 경우 명문대 출신을 위주로 채용하고, 나머지 대학은 채용에서 차별을 받고 있다고 생각한다. 그래서 출신학교, 즉 학벌을 취업의 가장 중요한 스펙으로 여기고 있는 것 같다. 하지만 기업에는 학벌이 좋다는 명문대학 출신 이외에도 많은 지방대학 출신들도 함께 일하고 있다는 것이다.

'취업 = 학벌' 이라는 공식이 틀렸다고 하는 것을 좀 더 구체적으로 말해 보고 싶다. 아무리 훌륭한 명문 대학을 졸업했다 하더라도 기업이 요구하는 역량을 갖추지 못했다면 명문대학 출신이라는 간판 하나로 채용되지는 않는다. 반대로 지방에 있는 대학을 졸업한 지원자가 풍부한 지식과 경험, 글로벌 비즈니스를 수행할 만한 능력을 갖추었다면 이 지원자를 마다할 기업은 하나도 없을 것이다. 학벌보다는 실력이 더 중요하다는 것을 명심 했으면 한다.

다음은 지원자를 판단하는 근거가 무엇인지 구체적으로 살펴보면, 지원자의 나이, 학력 수준, 졸업 여부, 전공 분야, 학업 성적, 외국어 능력, 남자의 경우 병역사항, 자격증, 인턴십 경험, 공모전, 컴퓨터 스킬, 기타 활동들이 보고 우수한 사람인지를 판단한다. 즉 지원자를 판단하는 데 활용되는 모든 항목의 내용들이 구체적인 취업 스펙이라고 할 수 있다. 다만 기업과 직무에 따라서 중요하게 반영되는 종목이 다를 수는 있다.

그럼에도 불구하고 아직도 많은 사람들은 취업을 하는 데 있어서 중요한 것은 어떤 능력을 가지고 있느냐 보다는 어느 대학을 졸업했느냐가 취업에 더 많은 영향을 미친다고 생각하고 있는 것 같다. 사실 과거에는 "스펙이 좋다, 안 좋다"라는 의미를 명문대학 출신인가, 아닌가로 구분해서 채용을 했던 나쁜 관행들이 있었다. 하지만 최근에는 학벌만을 가지고 취업을 불가능하다. 그래서 명문대학을 나왔는데도 취업을 못 했다고 하는 말들을 주위에서 들을 수 있다.

취업 스펙은 서류전형과 면접에서 중요하게 반영되는 것이 바로 취업의 필수 스펙이며, 이러한 요건을 충족시키는 지원자가 기업이 원하는 스펙을 가진 우수한 인재이다.

따라서 취업에 성공하기 위해서는 기업 채용에서 높은 평가를 받을 수 있는 스펙을 쌓아야 한다. 명문대학 출신이라고 스펙 쌓기를 게을리하거나, 반대로 지방대학 출신이라고 취업 스펙 쌓기를 포기한다면 둘 다 취업에 성공하지 못할 것이다.

실제 취업 면접에서도 이러한 사례는 얼마든지 볼 수 있다. 한 지원자는 서울 소재 명문 사립대에 출신이었고, 다른 한 사람은 지방대학 출신이었다. 일반적으로 학벌이 좋은 서울 소재 명문대학 출신이 더 유리할 것이라고 생각할 것이다. 하지만 면접 결과는 정 반대였다. 그 지원자는 학과에서 중간 정도의 성적을 보유하고 있었고, 외국어 능력은 높은 편이었다. 그러나 학업 이외의 활동들은 별로 없었다. 그리고 명문대 출신이라는 자부심은 높아 보였으며, 자신은 당연히 합격할 수 있을 것이라는 자세였다.

물론 그 학생이 수준이 아주 떨어지는 것은 아니었다. 그러나 그 지원자는 면접관의 질문에 주로 "네, 아니오"와 같이 단답형의 답변을 많이 했으며, 자신이 어떻게 회사에 도움을 줄 것인가를 말하기보다 회사의 교육시스템은 이용하여 학위 과정에 도전하겠다. 복리후생이 좋아서 지원했다는 등 자신의 개인적인 목표에 더 관심이 많았고 다소 이기적으로 보였다. 나아가 다른 동료들과 팀워크를 이루어 일을 하는 데 적합해 보이지는 않았다.

반면에 다소 의기소침해 보이고 긴장을 많이 해 보이는 지방대학 출신 학생이 있었다. 그 학생은 높은 평점을 가지고 있었으며, 학과 수업 시간에 수행했던 프로젝트 경험이 많았다. 그리고 자신이 직무에서 활용할 수 있는 다양한 툴(tool)을 갖추고 있었다. 외국어 능력은 중상 정도였으며, 많은 봉사 활동과 교내 활동들이 눈에 띄었으며 성실해 보였다. 또한 면접이 진행되는 동안 예의가 바르고, 면접관의 질문에 자신의 경험이나 지식들을 성실하고 구체적으로 답변을 했다. 즉 역량을 갖

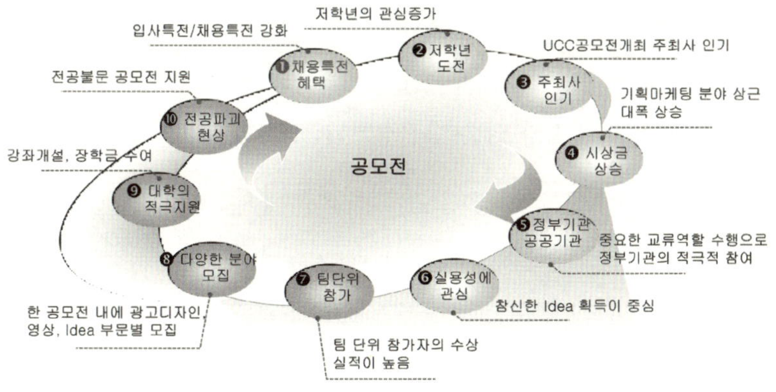

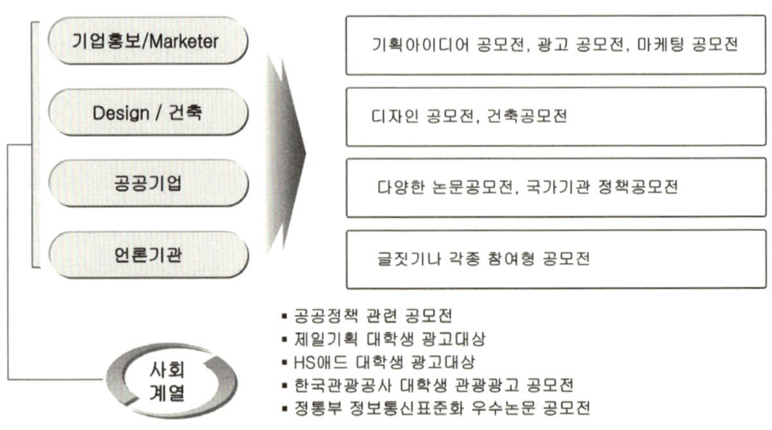

추고 있었으며 입사의지와 진정성이 돋보였다.

우리는 두 지원자 중에 한 사람을 선택해야 했다. 명문대 학생은 똑똑해 보이지만 취업에 대한 절박함과 다양한 활동 경험이 부족하고 다소 이기적일 것 같다는 의견이 많았다. 반대로 지방 소재 대학생은 자신의 직무에 대해 잘 알고 있고, 필요한 기본적인 역량을 갖추고 있으며, 입사에 대한 의지와 답변에 진정성이 보인다는 의견이 많았다. 우리는 준비된 인재로 지방대학 출신 지원자를 최종 선택했다.

취업과 인턴십 경험

　취업 준비를 하면서 인턴십에 대해 관심을 가지거나 궁금해 하지 않았던 사람은 없을 것이다. 최근 언론매체를 통해 인턴십에 대한 이야기들이 너무도 많았기 때문이다. 그래서 취업을 준비하는 많은 사람들이 인턴십 경험은 서류전형이나 면접에서 유리하다고 믿고 있다. 반대로 인턴십 경험이 없는 지원자들은 채용전형에서 불이익을 당하지 않을까 걱정하기도 한다. 그리고 최근 대기업에서 실시하고 있는 인턴십 채용은 우수한 인재를 사전에 확보하기 위한 수단으로 활용되기 때문에 일반적으로 말하는 인턴십과는 다르다.

　일반적으로 말하는 인턴십은 자신의 직무에 대한 탐색활동의 일환으로 기업의 일을 경험해 보는 것이다. 하지만 최근에는 취업 스펙의 일환으로 인턴십 경험을 중요하게 생각하게 되면서 취업에 도움이 되지 않는 인턴십을 하는 사람이 많다. 물론, 어떤 경우라도 인턴십 경험이 전혀 도움이 되지 않는다고 볼 수는 없다. 하지만 인턴십을 했다는 자체만으로 서류전형이나 면접에서 유리하게 반영되는 것은 아니다. 자신이 지원한 직무 분야와 관련이 있는 기업이나 직무 분야에서의 경험인 경우에만 도움이 될 수 있는 것이다.

　예를 들면 유통 분야에 지원하는 사람이 백화점이나 할인점 또는 유통관련 기업에서 한 인턴십은 도움이 될 수 있지만 이런 사람이 금융회사를 지원해서 자신의 경험을 어필한다면 취업에 별 도움이 되지 않을 것이다. 오히려 유통분야에 관심 있는 사람이 금융분야에 잘못 지원했다고 판단할 수 있기 때문이다.

　다음 경우는 기업의 인턴채용에 합격해서 인턴실습을 했지만 최종 면접에서 불합격한 지원자가 그 회사의 경쟁기업에 입사지원해서 자신의 인턴십 경험을 강조하다가 불합격한 사례이다.

　이 지원자는 실제 면접에서 "저는 대학시절 A사에서 인턴십을 했으며 그 회사에서 많은 경험을 할 수 있었습니다. 그렇기 때문에 입사 시켜 준다면 이런 경험을 바탕으로 제게 주어진 일을 잘 해낼 수 있습니다. 그리고 이것이 저만의 강점입니다"라고 자신을 자기소개를 했다. 먼저, 면접관은 인턴실습 기간 동안 어떤 경험을 할 수 있었는지 물었다. 그 사람은 영업 관리팀에서 선배 사원들의 지시에 따라 영업실적을 정리하는 일과 보조 역할을 하였다고 했다. 옆에 있던 동료 면접관이 "왜 인턴십을 했던 기업에 입사하지 않고, 우리 회사를 입사하려고 하는 이유가 무엇인가?" 하고 물었다.
　인턴십이 끝나면 최종 면접을 한다는 것을 알고 있기 때문이다. 질문을 받은 지원자는 당황한 기색을 보이며 잠시 머뭇거리더니 최종 면접에서 탈락했다고 대답을 했다. "아하, 그 회사에 탈락해서 저희 회사를 지원한거군요"라고 옆에 있던 면접관이 거들었다. 아니라고 하는 지원자의 표정은 어두워지기 시작했고 목소리는 점점 작아졌다. 면접 결과는 불합격이었다.

　이 지원자는 처음부터 우리 회사에 대해 관심이 없었고, 그 회사에서 최종 면접에서 탈락하자 취업을 위해 어쩔 수 없이 지원을 한 것으로 보였다. 또한 인턴십을 통해 배웠다는 경험도 보조적인 일에 불과한 것이었기 때문이었다. 탈락의 결정적인 이유는 그 지원자가 경쟁사 최종 면접에서 탈락했다는 것은 우수한 인재가 아니라는 것이 이미 검증됐다고 판단했기 때문이었다.

다음은 해외 인턴십 경험을 바탕으로 해외영업에 지원했다가 실패한 사례이다. 지원자는 호주에서 1년간 인턴십을 통해 글로벌 마인드를 갖출 수 있었기 때문에 해외영업에 적합한 인재라고 자신을 소개했다. 그리고 호주에서 인턴십을 하게 된 이유는 호주에서 관광 사업을 하시는 친척이 있어서 호주로 가게 되었고, 그 기업은 주로 한국에서 오는 관광객의 관광 가이드나, 숙박을 도와주는 회사라고 했다. 거기서 자신은 공항에서 손님을 모셔오거나 필요한 서류를 작성하는 보조적인 일을 했다고 한다.

면접관은 "그럼 일을 할 때 주로 한국말을 사용했겠네요."라고 하자 지원자는 당소 당황해 했다. 면접관은 "호주 인턴십을 통해 글로벌 마인드를 배웠다고 하는데 어학능력도 높지 않고, 주로 대상이 한국 사람이었는데 글로벌 역량을 갖추었다고 하는 말은 맞지 않는 것 아닙니까?"라고 다시 질문을 했다. 지원자는 면접관의 질문에 더 이상 답변을 하지 않았다.

취업스펙과 자격증

대학교 교정을 걷다보면 "취업의 필수 스펙 OOO자격증"이라는 현수막을 많이 볼 수 있다. 이런 현수막을 볼 때마다 나도 모르는 자격증들이 참으로 많구나 하는 생각을 했다. 그런데 모두 취업의 필수 스펙이라고 말하는 데는 공감할 수 없었다. 저런 자격증은 취업에서 별 도움이 안 되는데? 전혀 관련이 없는 자격증을 필수 스펙이라고 누가 그랬나? 속으로 생각해본 적이 많다.

심지어 화장실에서도 취업의 필수 스펙으로 자격증을 취득해야 한다고 학생들을 유혹하는 스티커를 볼 수 있었다. 실제 취업이 절실한 많은 학생들은 이런 것들을 보면서 취업에 도움이 되지도 않는 자격증을 취득하기도 한다. 최근에 취업난이 심하다 보니 취업준비생의 이러한 심리를 이용하여 영리를 취하는 기관들을 많이 볼 수 있다.

우연히 방송을 보다가 취업 전문가라는 분이 방송에 출연해서 취업을 하기 위해서는 자격증이 필수이며 3개 정도는 보통 취득한다고 말하는 것을 본 적이 있다. 그래서 그런지 모르겠지만 많은 학생들이 취업 스펙의 하나로 자격증 취득을 위해 공부하는 것을 볼 수 있다. 물론 관련 분야의 자격증을 취득한다면 없는 것보다는 도움이 되겠지만 자격증이 있다고 해서 채용되는 것만은 아니다.

현직 인사팀장으로 재직할 때도 우리 기업에 필요한 법으로 정해져 있는 자격증을 보유한 경우가 아니라면 일반적인 민간 자격증들은 면

접에서 참고만 했다. 경영지원 분야 중 인사직무를 희망하는 한 지원자
가 있었다.

면접이 시작되기 전 입사지원서의 내용을 자세히 살펴보니 학업 성
적은 4.5 만점에 3.4 정도였고. 영국에 어학연수를 다녀와서 그런지 어
학 점수는 토익 850, 토익 스피킹 6레벨을 가지고 있었다. 그리고 금융
분야 자격증인 투자상담사, 선물거래사, AFPK를 가지고 있었다. 입사
지원서를 보면서 금융분야 자격증을 세 가지나 취득한 사람이 인사직
무 분야에 지원했는지 이해가 가지 않았다. 그래서 "금융분야 자격증이
3개나 있는데 금융 분야를 지원하지 않고 인사를 지원하셨나요? 금융
분야 직무를 지원하시는 것이 맞지 않습니까?"라고 질문을 했다.

지원자는 질문을 기다렸다는 듯이 대학 재학시절 친구들이 자격증을
취득하는 것이 취업에 도움이 된다고 하고, 저도 친구들과 같이 학원
수업을 받으면서 취득하게 됐다고 한다. 그리고 입사 지원하는 데 유리
할 것 같아서 취득했다고 한다. 옆에 있던 동료 면접관이 "자격증이 하
나도 아니고 3개씩 취득한 것으로 보아 금융 분야에 관심이 더 많은 지
원자 같은 데 그런 거 아닙니까?"라고 다시 질문했다. 그 지원자는 머
뭇거리기 시작했고 "입사하면 회사 생활에 도움이 될 것 같아서 취득했
다."는 말만 되풀이 했다. 면접관은 한 번 더 질문을 했다. 금융회사에
는 지원한 적이 있습니까? 그 지원자는 지원은 했는데 면접에서 모두
탈락했다고 대답을 했다.

인사 분야에 적합성을 알아보기 위해 다시 질문을 했다. "인사 분야에 지원 하셨는데 금융 분야 자격증이 어떻게 도움이 될 수 있을지 본인의 생각을 말씀해 주시겠습니까?" 그 지원자는 "대학시절 인사관리론 과목을 수강 했는데 그 때 관심을 갖게 되었습니다."라고 짧게 대답했다. 면접관들 모두 이 지원자는 인사 분야에 적합한 사람이 아니라고 판단했다.

여러 가지 이유가 있지만 특히 이미 은행과 증권사 등 금융권에 지원했다가 탈락한 경험이 여러 번 있었고, 금융 분야에 더 관심이 많은 사

지원 분야와 자격증

분야	자격증	분야	자격증
기계	용접(산업)기사	의류	샵마스터
	전기(산업)기사		VMD
금속	금속재료(산업)기사	안전관리	소방설비기사(전기분야)
	금속(산업)기사		소방설비기사(기계분야)
화공	위험물기능사,산업기사		산업안전(산업)기사
전기	전기(산업)기사	에너지	에너지관리(산업)기사
	전기공사(산업)기사	환경	대기환경(산업)기사
	전기기기(산업)기사		수질환경(산업)기사
전자	전자회로설계(산업)기사		폐기물처리(산업)기사
건축/토목	건축기사		폐기물처리(산업)기사
	토목기사	금융	은행 자산관리사 (FP)
	건설안전기사		은행 텔러
	산업안전기사		종합자산관리사
	건축시공기술사		금융투자분석사
	토목시공기술사		외환관리사
통신	정보통신(산업)기사	증권	선물거래상담사
	무선설비(산업)기사		증권자산관리사 (FP)
	정보기기운용기사		재무위험관리사 (FRM)
토목	토목(산업)기사		펀드투자상담사
	측량기능사		증권분석사
	건설재료시험(산업)기사	노무	공인노무사
정보처리	정보처리(산업)기사	구매	CPIM
산업디자인	시각디자인(산업)기사	식품	영양사
	컬러리스트(산업)기사		식품위생사

람으로 언제라도 금융기관으로 전직할 수 있다고 판단했다.

위에서 본 것같이 지원하는 직무 분야와 관련성이 없는 자격증을 취득하고 입사지원서에 기재하면 면접에서 도움이 되기보다는 오히려 관련 직무분야에 적합하지 않은 사람으로 오해를 받을 소지가 매우 높다. 마찬가지로 생산관리를 지원하는 이공계열 전공자가 유통관리사, 또는 투자상담사 자격증을 입사지원서에 기재하는 것과 같은 것이다.

자격증을 취득하려고 할 때는 취업 직무 목표와 관련성이 높은 자격증을 취득하는 것이 취업에서 유리하다.

취업과 글로벌 역량

대부분의 기업과 학교, 정부 및 지방 자치단체가 '글로벌'을 외치고 있다. 특히 기업들은 글로벌 수준이 되지 않으면 더 이상 성장 발전할 수 없다고 생각한다. 그리고 현실이다. 그래서 기업들은 오래 전부터 글로벌 TOP 기업이 되기 위해 직원들의 외국어 능력을 강화해 왔고, 글로벌 역량을 갖춘 신입사원을 채용해 왔다.

일부 대기업은 해외 우수인재를 채용하기 위해 현지에 채용전담 조직을 두고 있기도 하다. 필자도 채용업무를 담당하면서 해외 인재를 채용하기 위해 1년에 반 이상 해외출장을 다니면서 글로벌 인재를 채용하기도 했다. 실제 우리나라의 많은 기업들은 해외에 생산 공장이나 판매 회사를 설립해서 운영하고 있다. 오늘날 기업이 글로벌 역량을 갖춘 인재를 채용하는 것은 기업이 글로벌 경쟁력을 갖추고 지속 성장을 하는데 필수적인 요소인 것이다. 따라서 취업을 준비하는 사람이 글로벌 역량을 갖추는 것은 취업에 매우 중요한 요소이다.

그리고 취업을 준비하고 있는 사람들은 기업이 신입사원 채용에서 강조하고 있는 글로벌 역량(감각)이 무엇을 말하는지 알고 준비하는 것 또한 중요한 일이다. 만일 자신이 지원하는 기업에서 요구하는 수준을 모르고 취업 준비를 하거나, 요구하는 수준보다 낮다면 서류전형을 통과하기도 어려울 것이다.

기업에서 말하는 글로벌 역량은 크게 두 가지 관점이다. 하나는 외국어 구사 능력이고 다른 하나는 문화의 다양성을 이해할 수 있는 경험이다. 구체적으로 말하자면 외국어 구사 능력은 외국어로 말하고, 읽고, 쓸 수 있는 능력이며, 문화의 다양성은 다양한 국가의 문화를 이해하고 수용할 수 있은 능력을 말한다. 그래서 많은 학생들이 해외 어학연수를 가거나 학원에서 외국어 공부를 한다. 지금은 예전과 다르게 대학시절 해외 어학연수를 다녀오거나 학원 수업을 통해서 외국인들과 소통할 수 있는 수준의 외국어 능력을 갖춘 학생들도 제법 있는 것도 사실이다.

하지만 아직도 많은 사람들이 구직활동을 하면서 기업이 강조하고 있는 글로벌 역량에 대해 간과하거나, 준비가 부족해서 서류전형이나 면접전형에서 탈락하는 경우를 많이 볼 수 있다.

외국어 구사 능력을 갖추는 것은 취업에 있어서 아무리 강조해도 부족함이 없다. 일부 학생들은 대학 졸업반이 되어서야 뒤늦게 외국어 구사능력이 취업을 하는데 있어 중요하다는 것을 깨닫고 휴학을 하고 어학연수를 가거나, 졸업을 유예하고 학원을 다니면서 외국어 능력을 높이려고 한다.

가끔 "저는 국내영업에 지원하는 데 어학능력이 중요한가요?" "저는 생산 부문에 지원하는 데 선배 말이 일을 하면서 영어는 쓰지도 않는다고 하는데 꼭 영어 점수나 레벨을 가지고 있어야 하는가요?"라고 질문하는 사람들도 있다. 실제 입사해서 외국어, 특히 영어를 활용하지 않는 직무도 많다. 하지만 채용이라는 관점에서 볼 때 지금은 직무에서 활용도가 없거나 낮지만 장기적으로 그 사람이 외국어가 필요한 부문으로 이동할 수도 있기 때문이다.

그리고 외국어 소통 능력을 높이면 높일수록 취업에서 기업의 선택이 폭이 넓어질 수 있는 장점이 있다. 예를 들면 국내에는 많은 외국 기업들이 진출해 있고, 그 기업의 책임자는 대부분 외국인이다. 따라서 외국어로 소통할 수 있는 직원을 선호하는 것은 너무도 당연한 일일 것이다.

또한 외국계 회사는 학벌이나 평점보다는 외국어 구사 능력과 다양한 경험을 가지고 있는 인재를 더 높게 평가하기 때문에 글로벌 역량을

Opic. Level

	설명
AL (Advanced Low)	동사 시제 및 다양한 형용사 활용이 가능하며, 문단의 구조를 능숙하게 구성할 수 있음. 익숙하지 않은 복잡한 상황에서도 문제를 설명하고 해결할 수 있는 수준
IH (Intermediate High)	개인적으로 익숙하지 않거나 예측하지 못한 복잡한 상황에서 사건을 설명하고 문제를 효과적으로 해결하곤 하며, 발화량이 많고 다양한 어휘를 사용하는 수준
IM (Intermediate Mid))	개인적으로 익숙한 상황에서는 문장을 나열하며 자연스럽게 말할 수 있으며, 상대방 배려 시 오랜 시간 대화가 가능한 수준
IL (Intermediate Low)	일상적 소재에 대해 문장으로 말할 수 있으며 선호하는 소재에 대해 자신감을 가지고 말할 수 있는 수준
NH (Novice High)	일상적 소재에 대해 대부분 문장으로 말할 수 있으며 개인 정보라면 질문하고 응답할 수 있는 수준
NM (Novice Mid)	이미 암기한 단어나 문장으로 말하기를 할 수 있는 수준
NL (Novice Low)	제한적 수준이지만 영어단어를 나열하며 말할 수 있는 수준

TOEIC Speaking Level

	설명
Level 8 (190~200)	업무와 관련된 연결되고, 지속된 대화를 이끌어낼 수 있는 수준 (지적인 Speech, 정확한 문법 등)
Level 7 (160~180)	업무와 관련된 연결되고, 지속된 대화를 이끌어낼 수 있는 수준 (발음/억양의 사소한 어려움, 부정확한 단어 등)
Level 6 (130~150)	복잡한 요구에 대한 대응과 의견표현 요구 시, 관련된 반응을 이끌어낼 수 있는 수준 (불명확한 발음, 억양, 문법의 실수)
Level 5 (110~120)	의견을 표현하거나 복잡한 요구에 대응하는데 제한적으로 성공하는 수준 (부정확/모호하고 반복적인 언어 활용, Long Pause)
Level 4 (80~100)	복잡한 질문에 대해 답하거나 의견을 설명하는 것을 시도하려 하지만, 만족하지 못하는 수준 (심각히 제한된 언어사용)
Level 3 (60~70)	어느 정도의 어려움은 있지만 의견을 말할 수 있으나 의견에 대해 Support할 수 없는 수준 (복잡한 질문에 대응 불가능)
Level 2 (40~50)	의견을 말하거나 주장(Support)할 수 없는 수준
Level 1 (0~30)	영어에 대한 Listening과 Reading Skill이 없는 수준

높이는 것은 외국계 기업에 입사지원 할 때 매우 유리하다.

토익 스피킹(TOEIC Speaking)이나, 오픽(Opic) 같은 외국어 말하기
테스트 레벨을 높이고 실제 외국어 소통능력을 높이는 것이 취업에 더
유리하다

PART 2

입사 지원의 정석

Chapter 1

전략적 입사지원 방법

채용공고의 비밀

사원채용 공고는 기업이 지속적으로 성장, 발전하기 위해서 필요한 인재를 채용하고자 공개적으로 알리는 기업 활동의 하나이다. 그리고 사람들은 이런 채용 공고를 보고 자신이 관심을 가지고 있는 기업에 입사지원을 한다. 하지만 자신이 취업 가능한 기업과 직무 분야에 관심을 두기보다는 기업의 규모와 안정성에 더 많은 관심을 두고 지원하는 경향이 더 많은 것 같다.

물론 규모가 크고 안정적인 기업에 입사지원 하는 것을 누구도 잘못됐다고 말할 수는 없다. 하지만 취업에 성공하기 위해서는 먼저 기업의 규모가 아니라 업종과 모집분야의 내용을 잘 살펴보고, 자신과의 적합성을 따져보는 것이 입사지원의 순서이다. 여러 대기업에 입사지원 하여 한 번도 서류전형을 통과하지 못한 사람들이 있다. 이 사람들은 주로 업종 또는 모집분야와 자신의 관련성을 고려하기 보다는 규모가 큰 기업에 입사하려는 희망만을 가지고 지원했던 사람들이다. 반면에 기업의 규모를 먼저 따지기 보다는 평소 자신이 관심 있는 업종의 기업을 중심으로 탐색하고, 모집분야와 자격요건을 잘 따져보고 입사지원을 해서 서류전형에 합격한 사람들도 많다.

채용공고에는 그 기업이 우선적으로 채용하고자 하는 사람이 어떤 사람인지를 담고 있다. 따라서 입사지원을 하기 전에 채용공고를 신중하게 살펴본다면 서류전형에서 유리할 것인지 불리할 것인지 알 수 있다.

예를 들면 같은 대학에서 같은 전공을 하고 비슷한 수준의 평점과 어학능력을 가지고 있는 두 사람이 서로 다른 기업에 동일한 직무 분야를 지원했는데 한 사람은 서류전형을 통과하고 다른 한 사람은 서류통과를 하지 못하는 것이 바로 그것이다.

첫째, 채용공고에서 먼저 체크해야 할 것이 바로 자격요건이다. 만일 요구하는 자격요건에 부합하지 않는다면 서류전형에서 불합격될 것은 너무도 분명하다. 자격요건이라 함은 전공, 부전공, 평점, 자격증 ,외국어 레벨, 경험 등을 말하는 것이며 소위 말하는 취업의 주요 스펙이기도 하다. 다음으로 모집분야별 관련 전공을 확인하는 것이 중요하다. 만일 전공 무관인 경우는 다르겠지만, 지원 분야와 전공의 관련성은 매우 중요하기 때문이며, 추가적으로 자격증이나 기타 요구 사항이 있는 경우는 반드시 이 조건에 부합할 수 있어야 자신의 입사지원서가 필터링 되지 않고 서류전형을 통과할 수 있다.

예를 들면 이공계 학부 출신자가 엔지니어링 분야에 지원했다면 쉽게 서류전형을 통과할 수 있었을 텐데. 평소 관심이 있었다는 이유로 석사학위 취득자들이 많이 지원하는 연구개발에 지원함으로써 서류전형 통과를 못하는 경우와 모집분야에서 제시하고 있는 관련 전공분야와 자신의 전공분야가 관련성이 떨어지는 데도 불구하고 지원하여 서류전형을 통과하지 못하는 경우이다. 그 이유는 채용공고를 볼 때 모집분야별 자격요건과 직무의 전공 관련성을 간과했기 때문이다. 인문, 사회계열이 전공자들이 마케팅, 금융 재무, 회계, 홍보, 인사 업무와 같은 경영지원 분야를 지원하는 경우 전공이 관련성이 낮거나, 필요한 자격요건을 갖추고 있지 않아서 서류전형에서 상대적인 불이익을 당하는 것과 유사하다.

둘째, 근무 지역을 잘 따져보는 것이다. 같은 분야를 지원하더라도 사업부나 근무지역에 따라서 경쟁률이 달라질 수 있기 때문이다. 예를 수도권에는 주로 본사가 위치하고 있고, 회사 경영을 총괄하는 전략 부서와 경영지원 부서들이 있다. 이 기능을 수행하는 부서들은 채용규모가 많지 않다. 또한 수도권에서 근무하고자 하는 지원자들이 많아 경쟁률이 매우 높다. 하지만 지방 사업부나 영업점을 지원한다면 상대적으로 경쟁률이 낮기 때문에 서류전형 통과에 유리할 수 있다. 특히 제조회사라면 생산을 중심으로 한 기능들은 주로 지방에 위치하고 있고 채용 규모도 상대적으로 많다. 따라서 취업을 한다는 전략적인 관점에서 상대적으로 경쟁률이 낮은 지역이나 사업부에 지원을 한다면 서류전형은 물론 면접에서 좋은 결과를 얻을 수 있다.

셋째, 자격요건 중 우대사항을 살펴보는 것이다. 특히 자격 사항 중 우대사항에 자신이 해당되는 경우는 그 분야에 지원하는 것이 유리하다. 그 이유는 우대 사항에 해당되는 지원자가 있다면 다른 지원자보다 우선적으로 서류전형 합격자에 포함하는 것이 일반적이기 때문이다. 예를 들면 특수 언어 전공자, CPA, 변호사, 특수 자격증 등이다. 반대로 일반적인 자격증은 참고만 할 뿐이라는 것도 알아 두자.

넷째, 채용전형 절차를 숙지하여야 한다. 채용절차는 지원자에게 각 전형 단계별로 어떤 능력을 확인할 것인지를 알려 주는 것이다. 최근 많은 회사들이 인성 및 적성검사 또는 기초 직무능력검사를 실시하고 있다. 따라서 이런 사항이 있다면 사전에 문제의 유형을 파악하고 유사한 문제를 사전에 풀어보고 준비하여야 한다. 가끔 먼저 입사지원서를 제출하면 서류전형에서 유리한지 묻는 지원자가 있는데 정기 공채의 경우는 마감이 되기 전까지 제출하면 전혀 문제가 없다.

끝으로, 입사지원서 지원에 따른 제출 마감시간, 지원방법, 지참해야 할 서류, 주의사항을 꼼꼼히 읽고 체크해야 한다. 특히 해외에서 학위를 취득한 경우 반드시 졸업증명서와 성적증명서를 미리 준비하고 있어야 한다.

채용시스템

오늘날 인터넷 환경은 기업과 개인 모두에게 많은 이로움을 주고 있으며, 사람들의 생활을 더욱 더 편리하게 만들어주고 있다는 것은 누구나 알고 있는 사실이다. 이러한 환경은 기업 채용에 있어서도 영향을 미치고 있다. 그것이 바로 온라인 채용 시스템이다. 이 시스템을 이용하여 지원자는 언제 어디서든지 쉽게 입사지원을 할 수 있게 되었고, 기업은 과거보다 더 적은 비용으로 많은 입사지원자 풀(pool)을 얻을 수 있게 되었다. 하지만 구직자는 과거보다 더 많은 경쟁자와 취업 전쟁을 벌여야 한다는 것이다.

인사팀 중간 관리자로 재직하던 시절 경쟁사보다 더 좋은 인재를 채용하기 위해서 더 많은 지원자 풀이 필요했고, 이러한 인재 풀을 확보하기 위한 수단으로 주요 일간지에 수천만원을 지불하면서 모집 공고를 해야만 했다. 그래도 지원자는 지금에 비해서 매우 적은 숫자였다. 또한 입사지원서 접수를 하기 위해 많은 직원이 동원되어야 했고, 서류를 접수한 후에도 한 달 가까운 기간을 서류 전형과 면접 전형을 하는 데 투자해야만 했다.

그러나 인터넷을 통한 온라인 채용 시스템을 구축한 뒤로는 예전 보다 더 손쉽게 국내는 물론 해외의 입사지원자 풀을 얻을 수 있게 되었다. 그리고 서류전형 시스템을 통해서는 아무리 많은 지원자가 몰리더라도 필요한 만큼의 지원자를 짧은 시간에 골라낼 수 있었다. 또한 대상자별로 면접 준비를 하는 데도 매우 유용했다. 따라서 최근 온라인 채용시스템으로 입사지원을 받는 기업에 지원하는 사람이라면 이 시스템이 채용전형에서 어떻게 활용되고 있는지 이해하는 것은 서류전형을 통과하는데 도움이 될 수 있다.

가끔 대학에서 취업강의를 하면서 기업이 온라인 채용시스템을 어떻게 활용하고 있는지 알려주기 위해서 이렇게 질문을 하곤 했다. 만일 "우리 회사에 1만 명 정도의 지원자가 입사지원을 했는데, 그 중에서 2천 명 정도로 서류전형을 하려고 한다. 시간이 얼마나 소요될까요?"

온라인 채용 시스템의 활용을 잘 모르는 학생들의 답변은 제 각각이다. 어떤 학생은 1주일 정도라고 말하고, 또 다른 학생은 하루 정도 걸릴 것 같다고도 한다. 대부분의 사람들은 많은 지원자를 서류전형하려면 많은 시간이 걸릴 것이라고 생각한다.

"전산 시스템을 활용하면 그렇게 오래 걸릴까요?"라고 힌트를 주면, 곧바로 "1분이요."라고 외치는 학생이 나타난다. 그렇다. 서류전형 프로그램을 이용하여 필요한 조건만 입력하고 서류전형 하기를 클릭만 하면 기본적인 전형은 아주 짧은 시간에 마칠 수 있다. 그 이유는 지원자가 온라인 입사지원 화면에서 입력한 모든 정보들이 고스란히 데이터베이스에 저장되어 있고, 이 데이터를 기업이 서류전형에 활용하기 때문이다. 따라서 많은 입사지원자들의 입사지원서는 인사담당자의 눈도장도 찍어보지 못한 채 쓰레기통으로 보내질 수 있다.

입사지원을 하기 전에 기업의 특성과 채용 공고의 내용을 잘 살펴보고 지원 분야와 직무에 대해 분석을 한 후에 자신이 경쟁력을 갖춘 분야에 지원해야 서류전형을 통과할 확률을 높일 수 있다.

입사지원을 위한 3가지 분석법

입사지원서를 작성하고 제출하기만 하면 입사지원은 끝난다. 아주 쉽다. 하지만 자신이 제출한 지원서가 서류전형을 통과할 수 있을지 걱정을 한다. 다행히도 서류전형을 통과하고 면접을 하게 된다면 그래도 행복할 것이다. 그런데 많은 구직자들이 여러 회사에 입사지원을 했지만 반복되는 서류전형 불합격에 자신감을 잃고 심리적인 불안감에 시달리는 것을 볼 수 있다.

만약에 어떤 사람이 서류전형에서 불합격하였다면 분명히 입사지원과 지원서 작성에 문제가 있다고 생각해야 한다. 그럼, 이와 같은 문제를 해결하는 방법은 없을까? 이것이 바로 다음에서 말하고 있는 입사지원의 3가지 분석이다.

첫 번째 원칙은 자기분석을 철저히 하고 난 후 입사지원을 하는 것이다. 자기분석은 말 그대로 자신이 그동안 살아오면서 가족과 학교, 사회에서 배운 지식과 경험이 무엇인지 스스로 되새겨 보는 과정이다. 이런 과정 속에서 자신이 내세울 만한 강점을 찾아내고, 또한 부족한 것을 찾아서 미리 보완할 수 있다면 서류전형 통과는 그 만큼 쉬워질 것

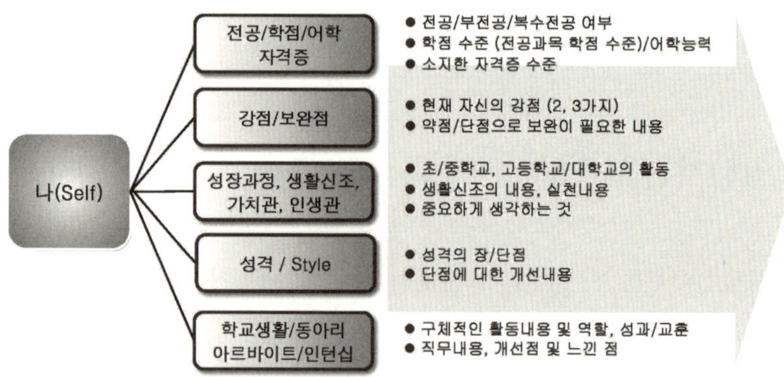

이다. 좀 더 구체적으로 보자면 자신이 가족과 사회 속에서 무엇을 배우고 느꼈는지, 이를 통해서 어떤 삶의 가치관이나 생활신조를 갖게 되었는지? 그리고 사회경험을 통해 배우고 느낀 점을 정리하는 것이다.

또한 학창시절 자신이 잘 했거나 관심이 있었던 학업활동, 리더십을 발휘했던 경험들, 특히 전공 분야와 관련하여 잘 했던 과목이나 과제수행 경험을 정리해 보는 것과 자신은 어떤 성격 유형을 가지고 있는 사람인지 스스로 생각해 보고, 단점을 보완하는 것이다.

두 번째는 자신이 관심을 가지고 있는 직무분야에 대한 분석이다. 즉 직무의 내용이나 특성을 분석해서 자신과 연계해 보는 것이다. 그 이유는 지원자가 살아오면서 직무에 적합한 경험을 가지고 있는지 보려고 할 것이기 때문이다. 따라서 자신이 관심 있는 직무는 어떤 지식과 경험을 요구하는지 또는 자격증이 필요한지 파악하고 준비해 두는 것이 중요하다.

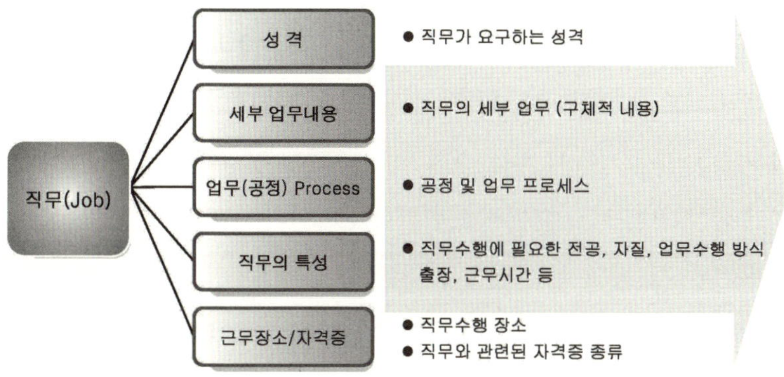

실제 기업의 채용에서 자신이 지원한 직무의 특성이나 요건들을 잘 모르고 입사지원 했다가 서류전형 통과를 해보지도 못하고 탈락한 경험을 가지고 있는 사람들도 있을 것이다. 대학에서 기계공학을 전공하고 품질관리 분야와 엔지니어링 분야를 위주로 입사지원 했던 사람을 만난 적이 있었다. 그 사람은 품질관리 분야에 지원해서는 한 번도 통과한 적이 없었지만, 엔지니어링 분야에 지원해서는 여러 번 서류전형을 통과한 경험을 가지고 있었다.

이 사람에게 품질관리가 어떤 일을 하는지 질문했을 때 품질관리는 '제품이 문제가 되지 않도록 관리'하는 정도로 이해하고 있었다. 반면에 엔지니어링 분야에서는 어떤 일을 하는지 구체적으로 알고 있었다. 따라서 자신이 지원하는 직무분야의 특성을 잘 알고 있거나 전공과 관련성이 많은 직무분야에 지원한다면 서류전형에 유리할 수 있다는 것이다.

끝으로 기업에 대한 올바른 분석이 있어야 한다. 즉 자신이 지원하는 기업이 어떤 기업인지 자세히 알고 있지 못하다면 올바른 지원이 어려울 것이다. 특히 면접에서는 기업은 업종 특성에 따라서 필요로 하는 사람이 다르기 때문이다. 많은 지원자들은 자기소개서 입사지원 동기를 기술하면서 기업에 대해 전혀 언급도 없이 입사해서 훌륭한 인재가 되고 싶다거나, 회사를 위해 노력하겠다고 한다.

하지만 지원자의 이런 말을 그대로 받아들이는 면접관은 없다. 그래서 실제 면접에서는 "우리 회사에 대해 아는 대로 말씀해 보세요." 또는 "우리 회사의 비전과 인재상이 무엇인지 알고 있습니까?", "우리 회사가 생산하고 있는 주요 제품에 대해 알고 있는 것을 말씀해 주시겠습니까?"와 같은 입사의지를 확인하는 질문을 한다. 따라서 입사지원을 하기 전에 기업분석을 철저히 하는 것이 취업에 있어서 매우 중요하다.

입사지원서의 의미

기업이나 단체에 입사하기 위해서는 입사지원서를 작성한다. 보통은 기업이 요구하는 양식에 맞추어 작성하는 것이 일반적이다. 하지만 입사지원서를 작성하면서 자신이 입력하는 항목들의 의미는 물론 입사지원서가 무엇인지 제대로 이해하고 작성하는 사람은 그리 많지 않은 것 같다.

입사지원서는 자신이 어떤 사람인지를 인사담당자에게 알려주는 중요한 자료이다. 이력사항들은 자신이 누구인지 신상정보를 자세하게 기술함은 물론 서류 전형의 기본이 되는 데이터를 포함하고 있다. 예를 들면 지원회사 또는 사업부문, 근무지역, 지원직무 , 출신학교, 전공, 학위, 성적, 소재지, 어학능력, 자격증, Skill, 활동사항, 경험(경력) 등이다. 그리고 자기소개서는 지원자의 인격, 가치관, 희망직무, 경험, 장래 목표 등 다양한 내용들을 포함하고 있다. 따라서 입사지원서를 보면 기업에 적한한 사람인지를 알 수 있다.

겸임 교수로 학교 강의를 시작한 첫 해 경험했던 일이다. 과제로 입사지원서를 작성하여 제출하도록 하고, 제출된 입사지원서로 개별 상담을 하기로 했다. 학생들은 개인별로 취업 상담을 해준다고 하니 많은 기대를 하는 것 같았다. 그런데 황당한 일이 생겼다. 학생들 중에는 이력사항은 없고 달랑 자기소개서 한 장만을 제출한 사람이 있었기 때문이다. 이력사항은 없이 어떻게 취업 상담을 할 수 있을까 고민이 됐다. 하지만 머지않아 이유를 알 수 있었다. 대부분의 학생들은 취업상담을 자기소개서 클리닉으로 생각하고 있었던 것이다.

"학생은 왜 자기소개서만 작성해 왔습니까?"라고 물었더니, 왜 그렇게 물어보느냐는 식으로 쳐다 보고 있었다. "이력서는 작성 안 했나요?"라고 물었더니 예전에도 컨설팅 받을 때 자기소개서만 가지고 가서 첨삭 지도를 받았다고 하는 것이었다. 그래서 이력서는 없지만 혹시 입사 목표 기업과 직무분야에 대해서는 생각을 하고 있을 것 같아서 기업과 지원 분야를 물었더니 아직은 결정하지 못했다고 했다. "아직 구체적인 취업목표가 없는데 왜 자기소개서를 작성했나요?"라고 질문을 했더니, 미리 작성해 두었다가 입사지원을 할 때 활용하려고 한다는 것이었다.

앞서 말한 것처럼 입사지원서는 기업에 입사하기 위해 작성하는 서류로 이력사항과 자기소개서로 구성되어 있다. 어떤 기업도 지원자의 자기소개서 내용만을 보고 그 사람을 판단할 수 없다. 따라서 이 학생처럼 입사지원서를 자기소개서로 생각하는 것은 잘 못된 것이다. 만일 입사지원서에 대해 이해하고 작성 스킬을 높이기 위해 연습으로 작성해 본다고 해도 평소 관심을 가지고 있었던 기업이나 지원 분야를 염두에 두고 작성하여야 도움이 될 수 있다. 무작정 작성한 자기소개서는 입사지원과는 무관한 막연한 자기소개 글에 불과할 뿐이다.

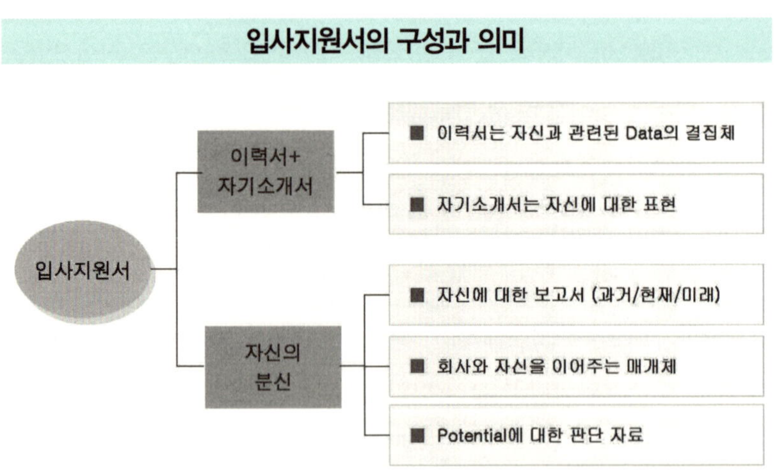

입사지원서의 구성과 의미

입사지원서는 기업 인사담당자가 여러분을 알아보기 위해 요구하는 서류이다. 따라서 입사지원서를 작성하기 위해서는 입사목표 기업과 지원 분야를 먼저 결정한 후에 이력사항을 작성하고, 자기소개서도 기업과 직무분야를 생각하고 작성하여야 한다. 실제 입사지원을 하지 않고 작성 연습을 하는 경우에도 실제 입사지원을 하는 것처럼 관심 있는 기업과 지원 분야에 입사지원 하는 것처럼 가정하고 이력사항과 자기소개서를 작성하도록 해야 한다. 이것이 올바른 입사지원서 작성이다.

자기소개서의 진실

자기소개서! 입사지원을 하기 위해 반드시 작성해야만 글!

많은 사람들이 입사지원을 하면서 가장 많이 고민이 되고, 어려운 것이 자기소개서를 작성하는 것이라고 한다. 그래서 자기소개서 '클리닉'을 받거나, 다른 사람의 자기소개서를 참고하기도 한다. 그래도 쉽지 않은 것이 자기소개서를 작성하는 일이며, 걱정이 이만 저만이 아니라고 말하는 사람이 많다.

간혹 자기소개서를 잘못 써서 서류전형에 탈락했다는 말을 듣게 된다면 더욱 더 그렇게 생각하는 것 같다. 최근에는 '개성 있는 자기소개서 작성법', '인사담당자가 좋아하는 자기소개서 작성법', '잘 쓴 자기소개서 샘플', '대기업에 합격한 자기소개서'라는 것들을 먼저 찾아보고 자신의 자기소개서를 작성하는 사람들이 많은 것 같다. 하지만 자칫 다른 사람의 이야기를 자신의 것처럼 포장하여 작성하는 경우를 종종 볼 수 있다. 매우 위험한 일이다.

대기업 입사지원에서 서류전형 탈락 경험이 많았던 한 구직자가 자기소개서 첨삭 지도록 받고 싶다며 찾아온 적이 있었다. 그 사람은 자기소개서를 잘못 써서 서류전형에 번번이 탈락을 하는 것 같다고 했다. 그러면서 자신이 작성한 자기소개서를 내밀었다. 사무실까지 찾아와서 자신이 작성한 자기소개서에 대한 전문가의 의견을 듣고 싶다고 하는데 뿌리칠 수 없었고, 힘들게 작성한 자기소개서를 마다할 수 없어서 그렇게 하기로 했다. 얼핏 봤을 때는 자기소개서 각 질문마다 많은 내용을 빼곡히 기술하고 있었다.

좀 더 자세히 읽어 보기 시작했다. 자기소개서 각 질문마다 별도의 소제목이 달려 있었다. 자신이 어떤 사람인지, 어떤 경험을 가지고 있는지를 나타내려고 한 것 같았다. 하지만 그 사람이 기술한 내용들은 어디서 많이 본 것 같은 느낌이었고, 특히 지원하는 기업의 특성과 지원한 직무관점에서 볼 때 무관한 내용이 더 많았다. 특히 자기소개서 질문을 잘 이해하지 못하고 내용을 기술하고 있는 것이 가장 큰 문제로 보였다. 만일 면접관이 질문을 했을 때 자기소개서 내용대로 답변을 하면 어떻게 할까? 내심 걱정이 됐다.

그래서 하나씩 자세하게 설명하기 시작했다. 첫째, 자기소개서를 잘 쓰기 위해서는 자기소개서 질문의 의도를 잘 이해하라고 말해 주었다. 질문에서 지원자에게 요구하고 있는 것이 무엇인지 잘 알아야 자신의 생각이나 경험을 제대로 기술할 수 있기 때문이다. 두 번째로 자신의 경험이나 생각을 구체적으로 기술하면서 배운 점이나 느낀 점을 부연 설명하는 것이 좋다고 했다. 너무 막연한 표현이거나 구체성이 없으면 면접관은 잘 이해하지 못할 것이기 때문이다.

그리고 자신의 지식이나 경험을 기술할 때는 많은 것들 중에서 기업의 인재상과 직무의 특성을 생각하고 부합할 수 있는 사례를 찾아 구체적으로 기술하라고 했다. 그러면서 내용을 구체적으로 전개할 때에는 6하 원칙에 의해 작성하여 글을 읽는 면접관이 쉽게 이해할 수 있도록 작성하라고 설명해 주었다.

그리고 그 학생에게 왜 자기소개서 때문에 서류전형에서 탈락했다고 생각하는지를 이유를 물어 보았다. 그 사람은 왜 탈락했는지 잘 모르겠지만 자기소개서 때문이라고 생각하고 있었다. 물론 자기소개서를 잘못 써서 탈락을 할 수도 있다. 자기소개서는 면접 전형에서 매우 중요한 질문의 소재로 쓰이기 때문이다. 하지만 서류 전형에서는 자기소개서 기술 내용보다는 지원한 기업과 직무 분야에 자신이 부합할 수 있는 역량을 갖추고 있는지가 더 중요하다.

다음으로 자기소개서에 소제목을 붙이는 것에 대해 궁금해 했다. 사람들은 소제목을 붙여야 인사담당자의 관심을 끌 수 있다고 생각하고 있다. 물론 그럴 수 있다. 하지만 기업이 요구하는 질문에 대한 답변을 잘 하는 것이 더 중요하다. 가끔 원래의 질문과 상관없이 자신이 소제목을 붙이고 글을 작성하여 전혀 다른 글을 작성하는 사람들도 가끔 볼 수 있다.

그리고 자기소개서를 작성할 때 내용을 나열하면 안 된다고 생각하는 사람들이 많은데, 분명한 것은 질문에 따라 내용을 나열하고 자신의 생각을 정리해야 하는 질문도 있고, 자신의 경험을 구체적으로 기술하면서 느낀 점과 배운 점을 기술해야 하는 경우도 있다는 것을 알아야 한다.

서류전형의 진실

사람들은 입사지원서를 작성하여 제출하고 나면 기업들이 어떤 방법으로 그 많은 지원자들을 서류전형 하는지 궁금할 것이다. 특히 온라인으로 입사지원서를 접수하는 경우는 지원자 수는 아주 많은데 기업은 어떤 방법으로 서류전형을 할까?

지원자가 입사 지원을 위해 온라인 입사지원 시스템 화면에 입력한 각각의 항목들은 고유의 데이터 값을 가지고 있다. 이러한 데이터 값은 컴퓨터에 저장되고 기업의 인사담당자는 언제든지 필요한 항목들을 찾아보거나 가공할 수 있도록 되어 있다. 예를 들면 그룹사의 공채에서 자신이 한 회사를 선택하게 되면 그 다음부터 자신이 입력한 모든 사항들은 그 회사의 데이터베이스에 저장된다.

즉, 여러분의 경쟁자들은 바로 같은 회사를 지원한 사람들 중에서 같은 지원 분야를 선택한 사람이 되는 것이다. 다시 말하면 그룹 공채라고 하더라도 각 사의 채용규모와 모집 분야별로 다르기 때문이며, 서류전형의 기준도 달라질 수밖에 없다. 결국은 자신이 지원한 회사에서 같은 지원 분야에 지원한 사람들이 여러분이 경쟁해야 할 대상이다. 따라서 그룹 공채라고 하더라도 각 사별로 경쟁률은 다르고, 모집 분야별로 경쟁률도 다르게 된다. 또한 그룹에 속한 개별 회사들은 업종이 서로 다른 경우가 많으며, 업종의 특성에 따라서 선발하고자 하는 대상과 서류전형 기준도 달라질 수밖에 없는 것이다. 따라서 입사지원을 할 때 이런 점들을 고려할 필요가 있다.

해외영업 부문 대졸 신입사원 공채를 할 때의 일이다. 채용 규모는 10명 정도였다. 10일 동안 모집공고를 집계한 결과 지원자 수는 약 6,500명 정도였다. 지원자는 국내는 물론 해외 대학에서 MBA 학위를 취득한 사람도 많았다. 짧은 모집 기간에 비해 많은 사람이 온라인으로 지원을 했다. 하지만 서류전형을 하는 데는 별 어려움이 없었다. 채용 시스템의 서류전형 프로그램을 이용하면 아주 짧은 시간에 서류전형을 할 수 있었기 때문이다.

채용담당자는 "어떻게 서류전형을 할까요?", 즉 어떤 기준으로 대상자를 결정한 것인지를 물었다. 아주 간단하게 업무 지시를 했다. 해외영업을 담당할 사원을 채용하는 것이니 먼저 지원자들 중에서 토익 950점 이상 또는 이에 준하는 어학능력을 보유한 지원자가 얼마나 되는지 보고 싶다고 했다. 잠시 후에 담당자가 가져온 리스트에는 만점자를 포함해서 약 80명 정도가 있었다. 80명 정도라면 그 중에서 40명 정도 대상자를 결정하면 필요한 인원을 채용하는데 충분할 것 같았다. 그래서 담당자에게 80명을 다 면접 볼 필요는 없으니 40명 정도로 줄이자고 했고, 전형 기준으로 대학 평점이 4.5 만점에 3.5 이상이며 해외 학위 취득자를 중심으로 다시 보고 하도록 했다. 그랬더니 38명 정도를 면접 대상으로 정할 수 있었다. 다른 지원자의 입사지원서나 자기소개서를 볼 필요가 없었다. 서류전형이 끝난 것이다.

이것이 온라인 채용시스템을 이용한 서류전형의 한 예이다. 그 때 지원했다 떨어진 지원자들은 자신이 왜 서류전형에서 불합격 되었는지 알 수 없었을 것이다. 이 경우는 해외 영업부문 채용이었기 때문에 외국어 능력과 학교성적을 가장 중요한 서류전형 평가요소로 삼았기 때문이다. 위에서 본 것처럼 기업의 서류전형은 동일한 지원 분야에 지원한 사람들을 대상으로 입사지원서에서 필요한 평가항목을 중심으로 서류전형이 이루어진다는 것을 알아야 한다. 따라서 입사지원을 할 때 지원 분야를 고려하는 것 또한 매우 중요하다.

서류전형의 요소들

기업의 입사지원서 서식을 보면 많은 항목들이 있다. 기업은 다르지만 같은 항목도 있고, 다른 항목도 있다. 그 이유는 자신의 기업에 적합한 인재를 채용하기 위해 필요하다고 생각하는 항목들을 지원자에게 구체적으로 입력하거나 기술하도록 하고 있기 때문이다. 따라서 지원자들이 입력하거나 기술하는 내용들 속에는 서류전형을 위한 중요한 요소들이 포함되어 있다.

사실 기업마다 어떤 항목들이 서류전형에서 더 많이 반영되는지 알기는 어렵다. 다만 자기소개서만 잘 쓰면 서류전형을 통과하게 될 것이라고 생각하는 것은 다소 잘못된 생각이다. 만일 자기소개서 내용만을 평가해서 지원자를 판단할 수 있을 수 있다면 기업은 굳이 많은 내용들을 입력하도록 요구하지 않을 것이기 때문이다.

입사지원서에서 요구하는 항목 하나하나는 지원자를 판단할 수 있는 항목들로 서류전형에 반영될 수 있다. 즉 인사담당자들이 서류전형을 하는데 매우 유용한 정보들이기 때문이다. 따라서 구체적으로 각 항목들의 의미와 서류전형에 어떻게 반영 되는지 아는 것은 입사지원서 작성에 도움이 될 것이다.

먼저, 주민등록번호에 대해 보자. 지원자 본인을 확인하는 가장 중요한 항목이다. 주민등록번호는 동명이인(同名異人)을 확인하거나, 남자 지원자와 여자 지원자를 구분할 수 있고, 지원자의 나이를 알 수 있다.

만일 서류전형에 나이를 반영한다고 한다면 주민등록번호 앞 두 자리를 조건으로 주고 필요로 하는 나이 조건을 가진 대상자를 찾을 수 있을 것이다.

다음은 병역사항이다. 여자 지원자에게는 의미가 없지만 남자에게 있어서는 매우 중요하게 반영되는 항목이다. 단순히 군필 여부만을 볼 수도 있지만 병역특례를 받았는지 아니면 면제를 받았는지를 알 수 있다. 일부 기업들은 현역병으로 군 복무를 마친 지원자에게 가산점을 주거나 우대하는 경우도 있다.

반면에 군 복무를 면제 받은 지원자의 경우 반드시 면제 사유를 기재 하도록 하고 있다. 이것은 군 복무 면제 사유를 보고 채용여부를 결정하려고 하는 의도가 있다고 알아야 한다. 만일 질병으로 인한 면제로 현재도 병원 치료를 받고 있다면 서류전형에서 불이익을 받을 가능성이 있다. 따라서 해당자라면 면제 사유를 따져보고 지원하는 것도 현명한 방법이다. 실제 면접에서 중학교 시절 뇌수술로 인한 군 면제자가 최종 면접에서 불합격된 사례가 있었다.

그리고 인사담당자가 가장 관심을 가지고 있는 항목이 바로 학력사항이다. 특히 전공분야와 성적, 졸업 여부는 매우 중요하다. 특히 대학교 평점은 서류 전형에서 가장 많이 반영되는 항목이다. 만일 평점이 지나치게 낮은 경우는 학생으로서 본분을 다하지 않았다고 생각하는 것은 물론 관련 지식이 미흡할 것이라고 판단한다. 반면에 우수한 평점을 가지고 있다면 일단 직무수행에 필요한 기본적인 지식을 가지고 있다고 평가할 것이다. 따라서 대학시절 평점을 관리하는 것은 매우 중요하다.

　학력사항 중 편입학 여부를 묻는 경우이다. 특히 많은 사람들이 입사 지원하는 대기업 정기 공채의 경우에 상대적으로 불이익을 받을 수 있다. 따라서 이를 상쇄할 수 있도록 평점이나 외국어 능력, 자격증 등을 보완하는 것이 좋다. 반면에 입사지원서 입력 화면에 편입 여부를 묻지 않는 기업의 경우는 편입학 사실이 서류전형에 반영되지 않는다. 또한 대학시절 남자의 경우 군 휴학을 제외하고 어학연수나 기타 이유로 휴학을 한 경우 서류전형에는 반영되지 않지만 면접에서 면접관이 공백 기간 중 어떤 일을 했는지 반드시 확인하므로 사전에 대답을 준비해야 한다. 그리고 공백 기간 지나치게 긴 경우는 다른 지원자보다 불리할 수 있다.

　그리고 최근 들어서 서류 전형에 매우 중요하게 반영되는 것이 외국어 능력이다. 특히 영어회화 능력이 매우 중요하다. 과거에는 토익 점수를 많이 반영했지만 토익 스피킹, 오픽 같은 영어 말하기 테스트 레벨을 더 중요하게 인정하고 있다. 따라서 외국어 점수나 레벨이 높으면 높을수록 서류전형에서 유리하다고 할 수 있다. 특히 대기업의 경우 토익 점수는 인정하지 않고 토익 스피킹만 입사지원에서 인정하고 있다는 것도 알아야 한다. 따라서 요구하는 수준의 레벨을 미리 취득해야 한다. 또한 채용공고에서 제시하는 외국어 수준은 최저 지원 자격이라는 것도 참고 하자.

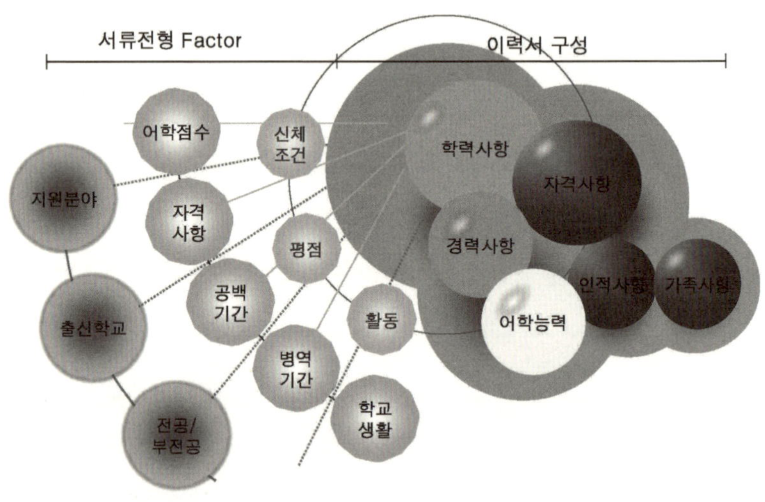

　다음은 많은 구직자들이 취업 스펙의 하나로 궁금하게 생각하고 있는 자격증에 대해 말해 보고자 한다. 자격증은 획일적으로 서류전형에 반영되지 않는다. 자격증은 지원하는 직무 분야와 관련성이 있는 경우만 반영되는 것이 일반적이다. 즉 일반적인 자격증은 서류전형에 영향을 미치지 않는다. 다만 법으로 특정 직무를 수행하는 사람이 반드시 소지해야 하는 자격증의 경우는 서류전형을 할 때 우선적으로 반영된다. 예를 들면 변호사, 노무사, 회계사, 세무사, 환경 기사 자격증과 같은 것이다.

　끝으로 인턴십 경험이나, 아르바이트, 봉사활동 경험들은 서류 전형에서 직접적으로 반영되기보다는 면접에서 주로 평가되며, 자기소개서의 경우도 마찬가지로 채용면접에서 질문의 소재로 주로 활용되고 서류전형에서는 활용되는 경우는 많지 않다.

서류전형은 상대 평가

앞에서 서류전형의 요소들을 살펴봤다. 입사지원서의 많은 항목들이 서류전형에 반영된다는 것도 알 수 있었다. 하지만 어느 정도 수준이 되어야 서류전형을 통과할 수 있을지 여전히 걱정이다. 최근에는 자기 나름대로 취업 준비를 잘 했다고 생각하고 입사지원을 했다가 고배를 마시고 다시 도전하기 위해 졸업을 연기하는 사람을 볼 수 있다.

그리고 최근 고용시장은 채용하려고 하는 기업은 적고 취업을 하려는 사람은 매우 많다. 특히 연봉도 높고 안정적인 직장이라고 알려진 기업이나 정부 단체에는 더 많은 지원자가 몰리고 있고 경쟁률은 무지 높다. 따라서 서류전형을 통과하기 위해서는 전략적으로 입사지원 하는 것이 중요하다.

일반적으로 기업의 서류전형의 원칙은 상대평가다. 가끔 자신이 서류전형에서 왜 떨어졌는지 궁금해 하는 사람들이 많다. 친구는 저보다 평점은 낮은 편이고, 어학 레벨은 조금 높은 편인데 저는 떨어지고 친구는 서류전형을 통과 했는데 그 이유가 뭔가요? 반대로 저는 평점은 중간이지만 자격증을 세 개 가지고 있고, 나름대로 어학도 높은 편이라고 생각했는데 서류 전형에 통과하지 못했다고 하는 사람도 있다. 즉 어떤 기준으로 서류전형을 하는지 모르겠다는 것이다.

위에서 본 것처럼 많은 사람들은 자신이 왜 서류전형에서 불합격 되었는지 궁금해 한다. 만일 기업별로 서류전형 기준을 알 수 있다면 입사 지원을 할 때 매우 유리할 것이다. 하지만 알 수는 없다. 특히 평점이 어느 정도 되어야 하는지, 어학 레벨의 수준 그리고 어떤 자격증을 취득해야 하는지. 결론적으로 말 하면 서류전형을 할 때 기업은 채용기준에 따라 절대평가를 하는 것이 원칙이다. 하지만 지원자 규모와 채용인원에 따라 상대 평가를 하게 된다. 따라서 기업의 선택과 지원 분야에 따라 서류전형의 결과는 다르게 나타날 수 있다는 것이다. 즉 상대평가가 이루어진다는 뜻이다.

인사팀장으로 재직할 때 서류전형은 모집 분야별 채용예정 인원의 5배 정도를 합격을 시켰다. 당연히 모집 분야별로 지원자의 합격기준은 조금씩 다르게 할 수 밖에 없었다. 물론 기본적인 서류전형 기준은 있었지만 실제 합격자의 평균평점, 어학능력, 자격증, 기타 요건들은 모집공고에 제시한 자격 요건보다 훨씬 높았다. 그리고 최근에는 인성과 적성 검사 결과를 종합적으로 평가하여 서류전형을 했다. 아마 다른 대기업의 경우도 유사할 것이다.

서류전형 결과를 보면 지원 분야별로 지원자들의 평점이나 어학레벨의 수준이 차이가 있었다. 예를 들면 해외영업 분야의 경우는 다른 지원 분야보다 직무의 특성상 외국어 레벨이 매우 높았다. 보통 토익 스피킹 레벨은 7정도에서 서류전형 통과를 했다. 반면에 경영지원 분야는 6레벨 정도였고 평점은 해외영업 분야보다 좀 높았다. 이공계열의 경우는 전공 분야를 더 중요하게 반영하였고 상대적으로 평점이나 외국어 레벨은 낮은 경우가 많았다. 이런 것은 우리 기업의 특성을 반영하였기 때문이다. 또한 이공계열 채용 규모는 전체 인원의 약 80퍼센트 수준으로 어학 레벨이나 평균 평점은 상대적으로 좀 낮은 수준에서 서류전형을 했다.

다른 기업의 경우도 마찬가지로 업종의 특성에 따라서 서류전형에서 지원자의 수준이 상대적으로 반영된다고 봐야 한다. 따라서 입사지원을 할 때 기업과 지원 분야의 선택이 매우 중요하다. 즉 기업의 규모와 지원 분야는 취업 경쟁률을 좌우하는 것은 물론 서류전형의 수준이 달라질 수 있기 때문이다. 좀 더 구체적으로 서류 전형을 하는 과정을 보면 지원자 수가 5만 명 정도이고 이 중에서 채용해야 할 총 인원이 1천 명이라면, 면접대상자를 3천5백 명에서 5천 명 정도로 정하고 서류전형을 하면 필요한 1천명을 하는데 아무런 문제가 없다.

이 경우에 서류전형을 할 때는 기업이 정한 최저 지원기준을 가지고 서류전형을 하는 것이 아니라, 당연히 지원 분야별로 상대적으로 우수한 지원자를 합격시키게 된다. 따라서 서류전형을 통과하기 위해서는 취업 스펙을 높이는 것이 중요하다.

Chapter 2

실전 입사지원서 작성법

자기소개서 작성의 10원칙

자기소개서 작성과 관련하여 많은 지침서를 보고나, 강의를 들어도 막상 작성하려고 하면 걱정이 앞서는 것이 바로 자기소개서이다. 자기소개서는 아직까지 살아오면서 자신이 가지고 있던 생각이나 경험들을 지원하는 기업과 연계하여 작성한다면 그리 어려운 일만은 아니다. 그래도 자기소개서 작성이 어렵다면 여기서 제시하는 10가지 원칙을 참고 하여 작성해 보기를 바란다.

기업과 직무분야의 특성을 파악하자.

자신이 원하는 기업에서 자신이 하고 싶은 직무 분야에 적합한 인재라는 것을 보여주기 위해 제출하는 서류가 자기소개서이다. 따라서 자기소개서를 작성하기 전에 지원하는 기업과 직무 분야에 대한 특성을 파악하는 것이 매우 중요하다. 예를 들면 입사지원 동기를 작성하기 전에 반드시 회사의 경영이념, 비전, 인재상을 충분히 숙지하는 것이 필요하고, 직무분야 대한 선택 이유나 강점을 기술할 때는 대학시절 자신이 습득한 지식이나 프로젝트 경험 중에서 관련성 있는 소재를 먼저 찾아서 정리하는 것이 순서이다.

자신의 다양한 경험을 찾아 정리하자.

우리는 살아오면서 많은 경험을 한다. 그리고 그 경험을 통해서 많은 것을 배우고 느끼게 된다. 어떤 일에 열정을 쏟기도 하고, 호기심 있는 일에 도전을 하면서 성취를 통해 자기 스스로에 대해 자신감과 인내심도 깨닫게 된다. 또한 학교생활이나 단체 경험을 통해 대인관계 능력이나 리더십 또는 멤버십도 가지게 된다. 이러한 경험들이 바로 기업의 인사담당자가 듣고 싶은 것들이다. 나아가 다른 사람들과 차별화 할 수 있는 자신만의 특별한 경험이 있다면 자기소개서 작성에 아주 좋은 소재가 될 것이다. 따라서 자기소개서를 작성하기 전에 먼저 자신의 다양한 경험을 찾아내어 정리하자.

질문의 의미를 파악하자.

자기소개서의 질문들은 유사하기도 하지만 기업마다 다른 경우도 많다. 여러분이 잘 아는 것처럼 성장과정, 성격의 장단점, 지원동기, 포부 등과 같이 일반적인 질문도 있지만, 최근에는 논술문제 같이 서술형으로 출제되는 질문들이 더 많다. 이러한 유형의 질문들은 여러 가지 상황을 복합적으로 질문하여 지원자의 능력과 특성, 사고방식, 다양한 경험을 알아보기 위한 질문들이다. 쉽게 이해하기 어려운 질문들이다. 하지만 질문의 의도와 키워드의 의미를 파악한다면 그리 어렵지 않다.

예를 들면 "살아오면서 자신이 힘들었던 경험을 기술하시오."라는 질문이 있다면, '힘들었던 경험'이 키워드이고, 힘들었다는 것을 '경제적으로 힘들었던 경험', '정신적으로 힘들었던 경험', '체력적으로 힘들었던 경험'으로 나누어 생각해 보고, 그 중에서 자신에게 해당되는 경험을 기술하고 느낀 점 과 배운 점을 부연 설명하면 된다.

면접관이 이해하기 쉽도록 작성하자.

자기소개서는 인사담당자나 면접관이 읽어볼 글이다. 자신이 생각할 때 아무리 좋은 내용으로 잘 썼다고 해도 읽어보는 사람이 그 의미나 내용을 이해하기 어렵다면 그 자기소개서는 잘 썼다고 볼 수 없다. 자신이 쓴 내용을 면접관이 쉽게 이해하도록 작성해야 여러분에게 관심을 가지고 올바른 평가를 할 수 있을 것이다. 따라서 이해하기 쉽게 작성해야 하는데 그 방법이 바로 질문에 대한 자신의 생각이나 의견을 두괄식으로 작성하는 것이다.

예를 들면 "성격의 장.단점을 기술하시오."라는 질문이 있다면, 다음과 같이 작성하는 것이다. "제 성격의 장점은 외향적 성격으로 매사에 적극적이고 활동적입니다."라고 첫 줄에 기술하고 뒷부분에 자신의 성격을 대변할 수 있는 내용을 부연 설명하는 것이다.

6하 원칙에 의거하여 구체적으로 기술하자.

최근 자기소개서 질문들의 유형은 지원자의 경험을 구체적으로 기술하도록 하고 있다. 이렇게 구체적으로 기술하도록 하는 이유는 정말 자신이 경험했던 사실을 이야기 하는 것인지, 아니면 다른 사람의 경험을 자신이 한 것처럼 꾸며서 쓰고 있는지를 알아보려고 하기 때문이다. 만일 자신의 경험이나 활동 내용을 두리뭉실하게 기술한다면 별로 우수한 인재라고 생각하지 않을 수도 있다.

만일 자기소개서 질문에 "구체적으로 작성하세요."라는 말이 있다면 6하 원칙에 의거하여 작성하면 된다. 예를 들어 "대학시절 단체경험에 대해 구체적으로 기술 하시오."라는 질문이 있다면 언제부터 언제까지, 어느 단체에서, 자신이 무엇을 했는지, 왜 하게 됐는지, 어떻게 효율적이고 창의적인 아이디어로 활동했는지, 그리고 결과를 기술하면 된다. 나아가 자신이 배운 점과 느낀 점을 부연하면 더 좋다.

간결하고 논리적으로 기술하자.

지원자들은 자신의 생각이나 경험들을 좀 더 자세히 설명하여 좋은 평가를 받기를 원한다. 당연하다. 만일 질문에 대한 답변 내용 이 별로 없다면 무성의 한 사람으로 평가 받을 것이기 때문이다. 하지만 구체적으로 작성한다고 불필요한 내용을 기술하거나 지나치게 장황하게 기술하면 오히려 낮은 평가를 받을 수 있다. 또한 인사담당자는 끝까지 읽어 보지 않을 가능성도 높다. 따라서 논리적이고 간결하게 기술하는 것이 좋다. 그렇다고 구체적이지 않다는 의미는 아니라는 것도 명심하자.

복합적인 질문은 모두 기술하자.

최근 자기소개서 질문은 한 가지 질문이 아니라 두 가지 이상을 함께 묻는 경우가 많다. 때로는 각각 다른 질문이 하나의 문장처럼 연결되어 있는 경우도 있다. 이런 경우 지원자 중에는 한 가지 질문에 대해서만 기술하는 경우를 볼 수 있다. 이런 경우 인사담당자는 질문을 잘 이해하지 못하는 사람으로 판단할 수도 있다. 따라서 올바른 작성을 하기 위해서는 한 문장으로 연결된 질문이지만 두 개의 질문으로 파악하고 각각의 질문에 적합한 자신의 지식이나 경험, 생각을 정리하는 것이 중요하며, 입력 글자 수가 제한되어 있는 경우는 각각의 답변을 1/2씩 기술한다고 생각하고 내용을 정리하는 것이 좋다.

예를 들면, 자기소개서 질문 중에 "지원동기와 장래 포부를 기술 하시오.(400자 이내)"라는 질문이 있다면 지원동기에 대한 내용과 자신의 장래 포부에 대한 내용을 따로 정리한 후에 각각의 내용을 200자 이내로 작성하면 된다.

직무와 관련한 지식과 경험들을 기술하자.

인사 담당자는 지원자가 직무를 잘 수행할 수 있는 적임자인지 확인하려고 한다. 따라서 지원자가 기술하는 내용이 기업과 직무 수행에 도움이 될 수 있는 내용이라면 좋은 평가를 받을 것은 분명하다. 답변의 소재는 주로 대학시절 학업 활동 및 과제 수행 경험, 지원한 직무와 연계할 수 있는 활동 경험을 위주로 기술하면 된다.

예를 들어 "자신이 지원한 직무와 연계하여 강점과 보완점을 쓰시오."라는 질문이 있다면, 대학시절 전공 분야 지식과 프로젝트 경험,

외국어 능력 등 직무와 관련하여 자신을 차별할 수 있는 다양한 경험을 위주로 기술하면 된다. 만일 일반적인 내용을 위주로 기술한다면 직무에 적합한 사람으로 보지 않을 가능성이 높다. 반대로 단점도 자신이 현재 시점에서 부족하다고 생각하는 지식과 경험을 기술하면 자신이 부족한 점에 대해 잘 파악하고 있는 인재로 평가받을 수 있다.

기여할 수 있는 인재로 보이도록 표현하자.

가끔 자기소개서에서 지원동기 또는 이유를 묻는 질문에 기업의 안정성과 복리후생, 교육시스템이 좋기 때문이라고 기술하는 것을 볼 수 있다. 하지만 이런 것이 지원하게 된 직접적인 동기라면 기업의 인사담당자는 좋게 평가하지 않을 것이다. 이렇게 쓴 글을 보면서 면접관은 아무 기여를 한 것이 없는 사람이 그동안 임직원들이 노력해 쌓아 놓은 업적에 무임승차하려는 사람으로 인식할 것이기 때문이다.

따라서 자기소개서의 표현들은 자신의 능력을 발휘하여 맡겨진 분야에서 지금보다 더 성장 발전하는데 기여하겠다는 의지와 자세를 보여줄 수 있는 표현을 쓰는 것이 좋다. 그래야 자신에게 좀 더 호의적이고 관심을 갖게 할 수 있으며 예의바른 사람으로 평가할 것이다. 예를 들면 "저는 대학시절 배운 공학 지식을 바탕으로 설계분야에서 지금보다 더 효율적이고 성능이 우수한 제품을 만드는데 기여하는 사람이 되고자 지원 했습니다."라는 식으로 기술하는 것이 올바른 작성이라고 할 수 있다.

글자 수를 맞추기보다 내용에 충실하자.

일반적으로 자기소개서에 입력할 수 있는 글자의 수가 제한되어 있는 것을 볼 수 있다. 기업에 따라서 최저 200자부터 1,000자 정도 까지 내용을 기술할 수 있도록 하고 있는 것을 볼 수 있다. 부여된 글자 수는 보통 질문에 따라 서술해야 할 내용을 예측하고 주어지는 것이 일반적이다. 실제 지원자가 작성한 자기소개서를 보면 제한된 글자 수를 꽉 채워 작성하는 지원자가 있는 반면에 반 정도 기술한 경우도 있다. 또한 글자의 수를 채우기 위해 유사한 내용을 중복 기술하거나, 동일한 키워드를 반복하는 것을 볼 수 있다.

먼저 입력해야 하는 글자 수가 정해져 있는 경우 어느 정도가 적당할까? 주어진 총 글자 수를 채워 작성하면 좋겠지만, 제한된 글자 수의 2/3 이상 기술하면 아무런 문제가 없다. 만일 반 정도 기술한다면 성의가 없거나 볼 내용이 없다고 판단할 수 있기 때문에 조심해야 한다. 무엇보다도 중요한 것은 내용이지 글자 수 자체는 아니라는 것을 명심하자.

자기소개서 질문의 키워드 분석

과거에 자기소개서 질문들은 기업마다 큰 차이가 없었고 대부분 간단한 질문이었다. 하지만 최근에는 기업의 특성을 반영하는 질문들과 지원자의 다양한 경험이나 생각을 구체적으로 기술하도록 하고 있다. 이러한 변화는 획일적인 인재를 찾기보다는 개별 기업의 인재상에 부합할 수 있는 인재를 찾는 데 초점을 맞추고 있기 때문이다. 따라서 자기소개서를 잘 쓰기 위해서는 질문 의도와 의미를 잘 이해해야 하는 것이 중요하다. 그러기 위해서는 질문 속에서 핵심 키워드를 찾아내는 것이 선결 과제인 것이다.

그래야 질문에 부합하는 자신의 소재를 찾아내 전개할 수 있기 때문이다. 하지만 말처럼 쉽지 않은 것도 사실이다. 실제 기업의 자기소개서 질문 속에서 키워드를 찾아본다면 자기소개서를 작성할 때 도움이 될 것이다.

이 질문은 지원동기를 묻는 질문으로 자주 볼 수 있는 질문이기도 하다. 이 질문은 많은 회사 중에서 왜 우리 회사를 선택했는지 이유를 기술하라는 것이다. 핵심 키워드는 바로 '회사', '이유', '노력'이다. 따라서 자신이 지원한 '회사'가 어떤 회사인지 조사해서 잘 알고 있어야 하는 것과 , '이유'에 적합한 답을 찾기 위해서는 왜 경쟁사에 입사하지 않고 이 회사를 선택하게 됐는지 생각을 정리해야 한다. 그리고 '노력'이라는 말에 대해서는 예를 들면, 입사지원을 위해 하루에 한 번은 기업 홈페이지를 방문했다. 기업 설명회에 참가한 적이 있다. 회사에서 요구하는 경험을 하기 위해 다양한 활동에 참여한 경험이 있다. 6개월 동안 기업의 주요 내용을 스크랩해 오고 있다든지 자신이 했던 행동을 기술하면 된다.

다음은 "지금까지 살면서 가장 행복했던 순간과 힘들었던 순간에 대해 구체적으로 설명하시오."라는 질문에 대해 어떻게 작성할 것인지 알아 보자.

이 질문을 읽고 지원자는 '행복했던 순간', '힘들었던 순간'이 핵심 키 워드라는 것을 알아야 한다. 좀 더 구체적으로 말하자면 언제, 어떤 일 로 행복했었는지 그리고 언제 어떤 일로 힘들었는지 두 가지 모두 기술 하라고 하는 질문이다. 만일 한 가지 질문에 대해서만 작성한다면 질문 을 잘못 이해하고 작성하는 것이 된다.

그리고 지원자는 이 질문에서 중점적으로 보고자 하는 것이 힘들었다 고 하는데 있다는 것을 생각해야 한다. 다른 기업의 경우 힘들었다는 말 은 '어려웠던 일' 혹은 '장애물'이라고 표현되기도 한다는 것도 알아 두면 좋다. 그리고 질문에는 없지만 힘든 일을 어떻게 극복했는지가 생략되 어 있다는 것도 알아야 한다. 힘들었던 경험을 찾기 위해서는 먼저 경제 적으로, 정신적으로, 육체적으로 힘들었던 경험이 있는지 생각해 본 후 에 자신에게 해당되는 소재에 대해 작성하는 것이 올바른 방법이다.

"창의적인 아이디어를 통해서 어떤 일이나 과제를 개선했거나 성과가 있었던 의 경험을 구체적으로 설명하시오."라는 질문이 있다.

이 질문도 많은 기업의 자기소개서 질문으로 자주 등장하는 질문으로 지원자의 창의성을 우회적으로 알아보고자 하는 질문이다. 이 질문 속에 키워드는 바로 '아이디어', '개선 방법', '성과' 세 가지이다. 이런 유형의 질문에서 많은 지원자들은 어떤 경험을 쓸 것인가 고민을 하게 된다. 하지만 쉽게 생각해야 답을 찾을 수 있다. 먼저 대학시절 학과 수업 중에 조별로 수행했던 과제 경험이나, 팀별로 했던 프로젝트 경험에서 찾는 것이 가장 효과적이고 쉬운 방법이다. 대부분의 경우 전공 수업을 하면서 과제를 수행했던 경험이 다 있을 것이기 때문이다. 만일 학업 중에서 부합하는 경험을 찾기 어려운 경우라는 동아리 활동 또는 사회경험 중에서 찾아도 무방하다.

그리고 실제 작성을 할 때는 과제 수행 중에 있어서 자신이 제안했던 아이디어나 생각을 정리하여 기술하고, 실제 적용과정에 대해서 구체적으로 기술하며, 결과는 어떤 평점을 받게 되었는지 또는 기존보다 어떻게 나아졌는지를 기술한다면 좋은 답이 될 것이다.

끝으로 성공과 실패 경험을 묻는 질문이다. 실제 질문은 "지금까지 살면서 어떤 일을 성공적으로 했던 경험 또는 실패했던 경험에 대해 구체적으로 설명하시오."와 같이 제시된다.

이 질문 또한 많은 지원자가 작성을 하는데 있어서 어려워 하는 질문 사례이다. 이 질문의 핵심 키워드는 '성공경험', '실패경험'이다. 표현 그대로 이해한다면 아직까지 공부만 해온 여러분에게 성공, 실패의 사례를 찾기란 쉽지 않다. 하지만 쉽게 생각하면 적절한 소재를 찾을 수 있

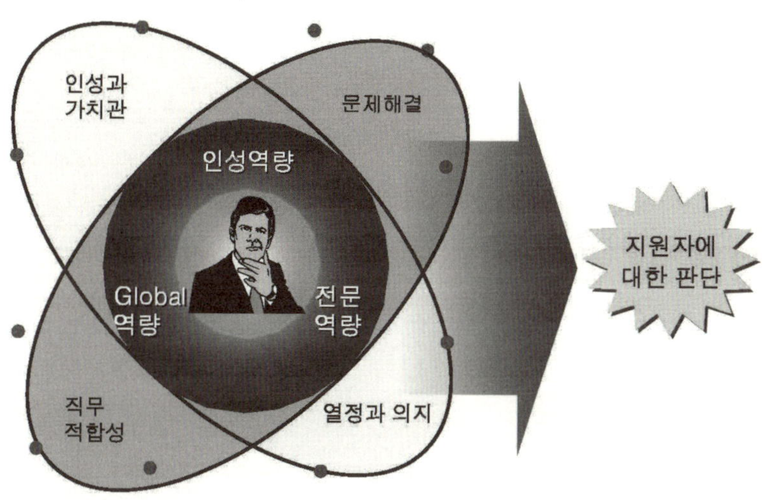

다. 예를 들면 자신이 노력하고 했던 결과가 기대보다 더 좋은 결과가 있었다면 성공사례이고, 반대로 그렇지 못했다면 실패사례로 생각하고 작성하면 된다. 그리고 사례는 대학시절 경험 중에서 찾는 것이 더 좋으며, 작성을 할 때는 자신이 생각하는 성공요인이 무엇이었는지, 실패하게 된 이유가 무엇인지를 반드시 기술하고 이런 경험을 통해서 자신이 얻게 된 교훈을 기술하면 이 질문에 훌륭한 답변이 될 것이다.

위 사례에서 볼 수 있듯이 아무리 긴 질문이라고 하더라도 핵심 키워드를 찾아내고, 의미를 생각한 후에 적절한 자신의 경험이나 생각을 정리해서 기술한다면 어렵지 않게 올바른 자기소개서를 작성할 수 있다.

올바른 자기서개서 표현법

입사지원자라면 누구나 자신이 작성한 자기소개서가 면접관으로부터 관심과 좋은 평가를 받기 위해 잘 쓰려고 한다. 그래서 다른 지원자의 내용을 참고하거나 명언을 인용하여 마치 자신이 적합한 인재인 것처럼 보이려고도 한다. 반면에 표현은 다소 투박하지만 자신의 경험과 생각을 진솔하게 쓰는 사람이 있는데, 이런 자기소개서가 더 좋은 평가를 받을 수 있다.

자신을 사물에 비유하거나 명언이나 사자성어를 인용하여 자신을 표현할 때, 특히 자신의 성격을 나타내는 표현을 할 때는 신중하게 표현을 선택해야 한다. 간혹 자기소개서를 잘 쓰려고 하는 생각에서 미사여구를 많이 사용하거나 동일한 단어를 반복하는 것도 올바른 자기소개서가 아니다. 만일 불필요 한 표현이나 잘못된 표현을 하는 경우에는 그 사람의 인성에 문제가 있는 사람으로 보여질 수도 있다. 따라서 자기소개서를 기술할 때에는 올바른 표현을 사용해야 한다.

먼저, 자기소개서에 소제목을 붙일 때 조심해야 할 사항에 대해 알아보자. 다른 지원자와 차별화하는 방법으로 자기소개서 질문과 상관없이 별도의 소제목을 붙이는 경우를 많이 볼 수 있다. 한 예로 성장과정에 '나는 또라이'라고 소제목을 붙인 사람이 있었다. 자신은 남들과 다르게 다양한 경험과 아이디어가 있는 사람으로 보이고 싶어서 그런 소제목을 붙인 것 같다.

하지만 면접관들은 그 제목을 보고 "참 특이한 사람이구나. 4차원인 것 같아."라는 생각을 먼저 했다. 그리고 충동적이거나 돌발적인 행동을 할 것같은 사람으로 여기고 높은 평가를 하지 않았다. 소제목을 붙일 때 표현은 신중하게 생각해야 한다. 지나친 표현은 오히려 도움이 되지 않는다는 것을 알아야 한다. 만일 소제목을 꼭 붙여야겠다고 생각한다면 소제목의 표현들은 긍정적이고, 밝고, 창의적이고, 열정을 보일 수 있는 표현들을 선택하는 것이 좋다.

어떤 지원자는 자기소개서 질문과는 상관없이 먼저 소제목을 붙인 후에 내용을 작성하는 경우가 있는데, 이런 경우는 동문서답을 할 가능성이 높다. 소제목은 신문이나 광고의 카피 같은 것이다. 만일 소제목을 붙이고자 한다면, 먼저 질문에 해당되는 자신의 이야기를 쓰고 그 속에서 전체 내용을 나타낼 만한 키워드를 찾아 그 키워드를 소제목으로 하는 것이 바람직한 작성이다.

다음은 명언이나 사자성어를 인용하는 경우이다.

보통 자신의 생활신조 또는 좌우명을 쓸 때 많은 사람들이 인용하는 것을 볼 수 있다. 자신을 나타내는 말로 유용할 수 있다. 하지만 인용한 표현들이 자신의 생각이나 경험, 사례와 부합하지 않거나 납득할 수 있는 근거를 제시하지 못한다면 오히려 난감한 질문으로 부메랑이 되어 돌아올 수 있고, 자칫 면접관을 가르치려고 하는 인상을 줄 수 있다.

"모든 일에 최선을 다하자."라는 생활신조를 가지고 있는 지원자가 있었다. 하지만 입사지원서의 내용으로 볼 때 학업 성적이나 외국어 능력, 경험 등이 많지 않았고, 특별히 다른 지원자보다 탁월하다고 할 만한 것이 별로 없어 보였다.

면접관은 최선을 다 하자라는 생활신조를 가지고 있는데 최선을 다한 것이 무엇인지 말해 보라고 질문을 했다. 갑작스런 질문에 잠시 머뭇거리더니 그 지원자는 "최선을 다하려고 했는데 특별히 잘한 것은 없습니다. 하지만 제가 관심 있는 일은 최선을 다하려고 합니다."라고 대답했다.

그러자 면접관은 "자신이 관심 없는 일은 최선을 다하지 않겠네요."라고 다시 질문을 했고, 지원자는 "아닙니다."라는 말만 반복하면서 면접관을 제대로 쳐다보지 못했다.

끝으로, 자신의 성격을 나타내는 표현은 특히 신중해야 한다. "자신은 완벽을 추구하는 성격이 장점"이라고 기술한 지원자가 있었다. 실제 이런 표현으로 성격의 장점을 말하는 사람들이 많다. 이런 내용을 보고 면접관은 "지원자께서는 매사 완벽하게 하는 것이 장점이라고 하는데 살아오면서 완벽하게 했던 사례를 말씀해 주실 수 있을까요?"라고 물었다.

지원자는 급당황하면서 뭔가 생각하는 것 같더니 "군 시절에 주어진 임무를 완벽하게 했습니다."라고 말했다. 그러자 면접관은 공감을 한다는 듯이 "그렇군요."라고 하면서, "그런데 대학 평점과 어학 레벨이 다른 지원자 보다 낮은 걸 보니 취업 준비는 완벽하게 하지 않으셨네요?"라고 지원자를 꼬집는다.

그리고 "완벽하게 하려는 성격으로 주위 사람들이 피곤해지는 것이 단점"이라고 하거나, "완벽하게 하려는 성격으로 일이 늦어지는 것이 단점"이라고 하는 사람들도 많다. 옳지 않은 표현이다 매사에 완벽하게 하려고 하는 것은 단점이 아니라 오히려 장점인 것이다.

가끔 실제 면접에서 위와 같은 단점을 표현한 지원자에게 "자신이 완벽하게 하려고 해서 다른 친구들이 피곤해진 사례를 구체적으로 말해 보시겠습니까?"라고 질문하는 경우를 볼 수 있는 데 제대로 답변하는 사람을 볼 수 없었다.

짝퉁 자기소개서

일부 사람들은 자기소개서 작성이 어렵다고 생각하여 다른 사람의 이야기를 자신의 이야기인 것처럼 카피를 하는 경우가 있다. 심지어 자기소개서를 대신 써 줄 수 있는지 문의를 하는 사람도 있다. 자기소개서를 대신 작성해 달라고 했던 사람에게 "제가 어떻게 전화하신 분의 자기소개서를 써 줄 수 있습니까?"라고 했더니, "다른 회사에서는 대신 써 준다고 하는 데 그런 서비스는 안 하나 보죠."라고 하면서 전화를 끊은 경우도 있었다. 얼마나 급하고 자신이 없었으면 대신 써 달라고 했을까? 하는 생각도 했다.

　그리고 가끔 대기업에 합격한 자기소개서, 자신만의 개성 있는 자기소개서 작성법, 임팩트(impact) 있는 자기소개서 작성법을 참고해서 자기소개서를 작성해서 제출했는데, 서류전형은 커녕 면접장에 가 보지도 못했다고 푸념하는 학생들을 본 적도 있다. 또는 개성 있고 임팩트 있을 것이라고 생각하고 쓴 내용인데 면접관이 이상한 표정으로 자꾸 질문하더니 결국 탈락하고 말았다는 사람도 만날 수 있었다.

　가끔 서점을 가보면 취업과 관련한 서적들도 꽤 많이 볼 수 있다. 그런데 대부분의 책 내용 중에 눈에 띄는 것이 있었는데 자기소개서 샘플들이다. 대부분 대기업에 합격한 자기소개서라고 한다. 하지만 대기업에 입사한 사람이 한 두 사람이 아닌데 또한 모두다 대기업을 지원하는 것도 아닌데 하는 생각을 하곤 했다. 그리고 대기업에 입사했다고 하는 특정인의 자기소개서 샘플을 보여 주면 그 사람과 비슷하게 작성하려고 할 가능성이 높다고 생각했다.

　실제 기업에서 면접을 할 때도 유사한 자기소개서 내용을 본 적이 많았고, 많은 경우는 자기소개서 내용과 관련한 질문에 구체적으로 자신의 이야기를 하지 못하고 탈락한 경우도 많았다. 소위 짝퉁 자기소개서 같은 것이다. 형식이나 소재 또는 내용의 일부를 모방해서 자신의 것이라고 주장하는 지원자이다. 잘 쓴 자기소개서를 참고하는 것은 좋지만 자기소개서 내용을 채우기 위해 다른 사람의 이야기나 사례를 자신의 것처럼 꾸며서 기술한다면 잘못된 자기소개서가 되는 것이다.

실제 대학에서 입사지원서 클리닉을 하면서 겪은 일이다. 한 학생이 자신의 생활신조를 기술하면서 "어머니가 말씀하시기를 타자만 잘 쳐도 취업이 된다고 하시면서, 최선을 다 하라고 하셨습니다."라고 쓰고 있었다. 그 내용을 보고 부모님께서 "열심히 노력하는 사람이 되라고 그런 말씀을 하셨구나."라고 생각하면서 제법 잘 표현하고 있다고 생각했다.

그런데 다른 학생들의 자기소개서를 읽어 보던 중 깜짝 놀라고 말았다. 다른 학생의 자기소개서 내용에도 글자 한자 틀리지 않고 똑같이 작성되어 있는 것이었다. 그래서 한 학생에게 물어 보았다. "같은 형제가 아닌데 어떻게 내용이 똑같죠?" 그 학생은 머쓱한 표정으로 인터넷에서 자기소개서 샘플을 참고해서 쓰다가 좋은 것 같아서 친구들이 같은 내용을 쓰게 됐다는 것이다. 짝퉁 자기소개서였다.

짝퉁 자기소개서로는 인사담당자나 면접관을 속일 수 없다. 자기소개서는 자신의 이야기를 진솔하게 그리고 진정성이 묻어나도록 작성하면 되는 것이다.

자기소개서 작성의 기술

성장과정

대부분 기업 자기소개서에서 가장 많이 볼 수 있는 질문이 바로 성장과정과 관련한 것이다. 기업에서 지원자의 성장과정과 관련한 내용을 확인하는 것은 매우 중요하다. 사람은 성장과정 중에 다양한 경험을 하게 되고, 배우고 느끼면서 인성과 품성, 가치관이 형성되기 마련이고 이는 기업의 조직문화와 매우 밀접하게 연결될 수 있기 때문이다.

그리고 기업들이 성장과정과 관련하여 다양한 질문으로 묻고 있는 것을 볼 수 있다. 예를 들면 "성장과정을 기술하시오.", "본인 성격의 장단점을 기술하시오.", "생활신조 및 좌우명을 기술하시오.", "사회봉사활동 경험 등 학업 외 활동을 기술하시오.", "아직까지 살아오면서 새로운 일에 도전한 경험과 도전 결과를 기술하시오."와 같은 질문들이다.

실제 입사 지원자가 작성했던 몇 가지 성장과정의 사례를 통해서 배워보자.

어렸을 때부터 아버지께서 늘 강조해 오신 말씀이 있습니다. 그 말씀은 '자신의 꿈을 향해 쉬지 않고 노력하면, 언젠가 꼭 그 꿈을 이루게 되는 날이 온다.'라는 것인데, 항상 제 가슴에 남아 저에게 큰 힘이 되고 있습니다.

　그런 아버지의 영향을 받아, 저는 현재에 안주하기보다는 더 나은 내일을 위해 노력하는 사람이 되어야겠다고 다짐하곤 했습니다. 남들이 보기에는 비록 하찮은 꿈일지라도, 자신의 자리에서 최고가 되기 위한 노력을 아끼지 않는 것이야말로 진정한 성공이라고 믿고 있기 때문입니다.

　이 글을 쓴 사람은 아버지의 가르침을 받아, "노력하면 꿈을 이루게 된다."라는 신념을 가지고 있다고 쓰고 있다. 그리고 비슷한 내용을 반복하면서 노력해야겠다고 다짐했다고 하며, 최고가 되기 위해 노력할 것이라고 한다. 전반적으로 위 내용은 자신이 부모님의 가르침을 받아 성장과정에 구체적으로 행동했던 내용은 없고 계속 노력만 하겠다는 말하고 있다.

　즉, 이 글 속에서는 지원자 자신의 행동이나 경험 그리고 이를 통해서 배우고 느낀 점은 전혀 찾아볼 수가 없다. 또 "끊임없이 노력하면 꿈을 이루게 된다."라는 당연한 말을 하고 있으나, 자신이 노력한 것이 무엇인지 찾아볼 수가 없었다.

　만일 자신의 성장과정을 다음과 같이 "부모님의 가르침을 좌우명으로 삼아 자신의 목표를 설정하고, 그 목표를 이루기 위해 학업을 열심히 해서 지식을 쌓았고, 특히 OO 분야에 있어서는 높은 수준을 가지고 있으며, 동아리 리더 경험과 단체 활동을 통해 대인 관계를 높일 수 있었다. 그동안의 지식과 경험을 바탕으로 입사해서 기여할 수 있는 훌륭한 인재가 되겠다."라는 식으로 작성했다면 위 내용보다는 더 좋은 평가를 받을 것이다.

또 다른 지원자가 작성한 성장과정의 내용이다.

머리보다는 몸으로 익히자

"이는 제가 대학에 입학하여 공학도가 된 이후에 가슴 깊이 새긴 저만의 좌우명입니다. 대학교 때 연극부에 들어와서 배우를 할 때 한 대사를 1000번 정도 읽어야 비로소 자기 대사가 된다고 했습니다. 당시에는 어떤 의미인지 몰랐지만, 전공수업 첫 시간에 교수님께서 "엔지니어는 머리보다는 몸으로 하는 노력이다"라고 하셨던 말을 통해서 엔지니어는 연극과 마찬가지로 수많은 반복과 노력으로 이룰 수 있다는 것을 깨달았습니다. 특히 LCD 디스플레이 수업을 들으면서 LCD와 LED는 저의 호기심을 자극하는데 충분하였습니다.

위 성장과정에 대한 글 속에서 자신의 인성이나 가치관 형성과정에 대한 내용은 볼 수 없고, 엔지니어는 머리보다 몸 일하는 것으로 잘못 이해하고 있다. 대졸 신입사원은 지식 근로자로 머리로 익히고 몸으로 실천해야 하는 직무를 수행하는 사람이다. 또한 관심 분야만을 제시했지 관심이 있어 무엇을 어떻게 해봤는지 전혀 소개되어 있지 않기 때문에 잘 쓴 성장과장의 내용으로 보기 어렵다.

다음과 같이 작성을 한다면 어떨까? "좌우명은 '몸소 실천하는 사람이 되자' 그래서 초등학교 시절부터 다른 사람의 모범이 되려고 행동했고 상을 받은 경험도 있다. 그리고 중 고등하교 시절 학업은 물론 반장

성장과정 작성

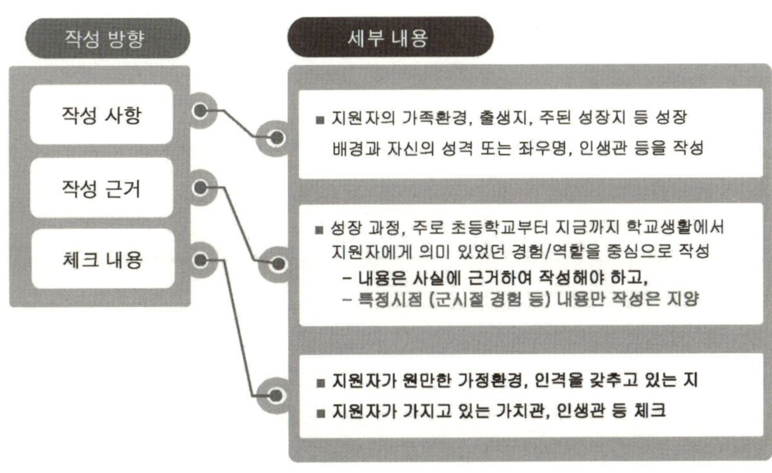

생활신조, 좌우명 작성 Model

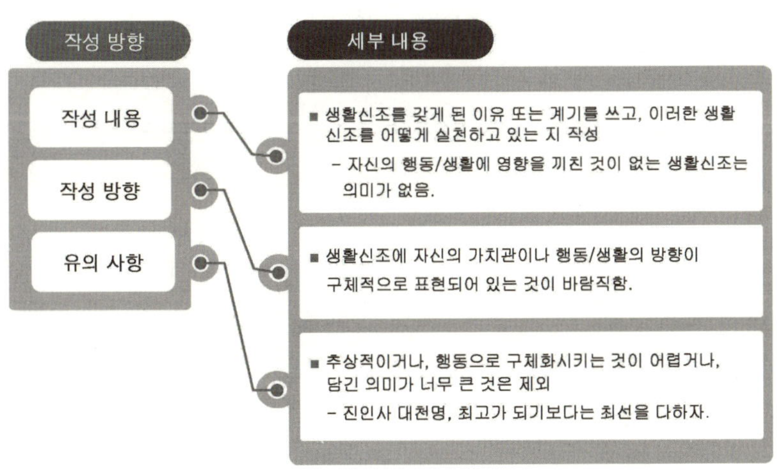

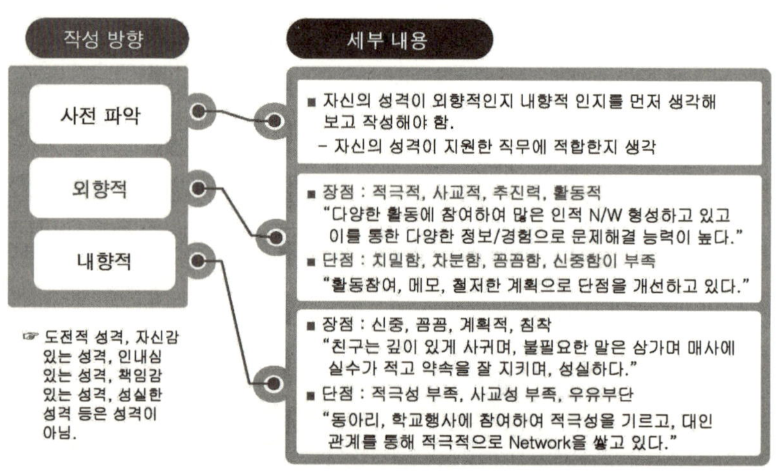

을 하면서 적극성도 배웠으며, 대학에서는 엔지니어로서 갖추어야 할 기본 지식은 물론 특히 디스플레이 분야에 관심이 있어 LCD와 LED 분야에 대해 더 많은 공부를 했다. 특히 구동회로 설계 분야에 관심이 있다."는 식으로 기술했다면 인사 담당자로부터 더 좋은 평가를 받았을 것이다.

지원동기

채용에 있어서 자기소개서 질문이나 면접질문에서는 지원자에게 Why에 대한 답변을 요구하는 것이 많다. 따라서 어떤 질문을 받더라도 이유를 잘 생각하고 답변을 한다면 질문에 대한 답변으로 크게 어긋남이 없을 것이다. 자기소개서 질문 중에 빠지지 않는 것이 바로 '지원동기'를 쓰라는 것이다. 원래 지원동기는 '입사지원동기'의 준말이다. 즉 경쟁사에 지원하지 않고 왜 우리 회사에 입사 하려고 하는지 이유를 기술하라는 뜻이다. 영어로 표현한다면 " Why do you apply for our company?"와 같은 질문이다.

신입사원 채용에 있어 지원동기를 알아보는 것은 매우 중요하다. 지원동기가 분명한 사람은 입사를 위해 오래전부터 준비를 해 왔거나, 입사의지가 분명하여 입사 후에도 기업에 기여할 가능성이 높은 사람이라고 볼 수 있기 때문이다. 실제 지원자의 자기소개서를 읽어 보거나 면접에서 질문을 했을 때 회사에 대해 아는 것이 별로 없고, 졸업할 때가 돼서 취업을 해야겠다는 생각으로 지원하는 것 같은 느낌을 받는 지원자를 어렵지 않게 볼 수 있다.

그럼 지원동기를 어떻게 작성하는 것이 좋은 평가를 받을 수 있을까? 한 지원자가 자신의 지원동기를 다음과 같이 쓰고 있다.

저는 회사를 볼 때 가장 중요하게 여기는 것이 있는데, 그것은 사업에 대한 장래성입니다. 단순히 현재 혹은 가까운 미래의 상황만을 고려한 시장의 특성과 수요의 유행을 따르는 것은 어리석다고 생각합니다. 그래서 저는 OO LED사가 빛을 소재로 그 무한한 사업 가능성을 인류의 발전과 성장에 기여할 것이라 생각하기에 지원을 하게 되었습니다. 또한 성능향상과 효율성만 따지는 것이 아니라 친환경적 요소까지 고려한다는 점이 정말 좋았습니다.

위 지원동기를 읽으면서 이 지원자는 자신이 많은 기업들 중에서 이 기업을 선택한 이유를 찾아볼 수 없고, 또한 자신이 생각할 때 장래성이 있어서 선택하게 되었다고 쓰고 있다. 하지만 동일한 사업을 하는 다른 기업도 있는데 그 기업은 왜 지원하지 않았는지 알 수가 없다. 그리고 자신이 인류의 성장 발전에 기여할 것이라고 한다. 아니다. 자신이 지원한 기업의 성장. 발전에 기여하는 사람이 되겠다고 기술해야 한다. 결론적으로 이 지원자는 기업에 대한 구체적인 조사나 분석을 하지 않고 막연하게 입사해 보겠다는 사람으로 보인다.

또 다른 지원자의 사례를 보자.

한국전자에 지원한 동기는 영업 분야에 저의 성격이 맞기 때문입니다. 저는 사람들과 어울리기 좋아하고 처음 만나는 사람과도 쉽게 친해질 수 있는 성격을 가졌습니다. 이러한 저의 성격을 가장 잘 살릴 수 있는 부분이 영업이라고 생각하며, 한국전자에서는 이러한 영업사원을 기업의 핵으로서 생각하고 있으며 직원에 대한 책임을 경영이념으로 두고 있는 모습에 저의 성장과 기업을 성장을 함께 생각할 수 있는 기업이라고 생각했습니다.

이 지원자는 질문의 의미를 잘못 이해하고 기술한 경우이다. 왜 한국전자에 입사하려고 하는지 이유를 묻고 있는데, 자신이 지원한 직무분야인 영업 분야에 자신이 적합한 이유를 기술하고 있다. 만일 질문이 영업 분야에 자신이 적합한 이유를 기술하라고 했다면 적합한 답이 될 수 있다. 하지만 위 지원자가 작성한 내용대로 인사담당자가 판단한다면 이 사람은 영업 분야에 관심이 많은 것이지 굳이 한국전자에 입사해야 하는 사람으로 보지 않고 영업 분야라면 어떤 회사도 좋다는 의미로 받아들일 수 있다. 이런 글도 흔하게 볼 수 있는 오류이다.

마지막 사례이다.

LOVE ○○백화점

○○백화점을 방문하였다가 차를 어디다 주차해놨는지 잊어 곤란해할 때, 퇴근하던 한 사원이 적극 도와줘서 찾았다는 교수님의 일화를 듣고, ○○백화점의 고객만족에 감동받았고, 더 나은 서비스를 위해 적극 동참하고 싶습니다. 교내 정기 영어 시험의 접수를 자주 까먹는 친구를 위해 매번 제가 접수를 해주었으며, 등록금 미납으로 제적위기에 놓인 연락이 두절된 친구 집에 찾아가 알려준 적도 있습니다. 이처럼 주변 사람들에게 애정과 관심을 실천으로 옮기며, 앞으로 ○○백화점에서 고객 만족과 동료들에게 저의 애정과 관심을 쏟고 싶습니다.

위 내용은 학교 교수님이 백화점에 방문했다가 감동을 받은 말을 듣고 자신도 관심을 갖게 되어 지원하게 되었다고 한다. 만일 자신이 백화점에서 실제 경험했던 사례를 소재로 기술했다면 좋았을 것이다. 하지만 이 지원자는 평소 관심도 없다가 우연한 기회에 교수님 말을 듣고 입사지원을 하게 된 것 같은 느낌이 든다. 그리고 평소 친구들을 잘 도와주기 때문에 백화점 고객들에게 잘 할 것이라고 한다. 하지만 전혀

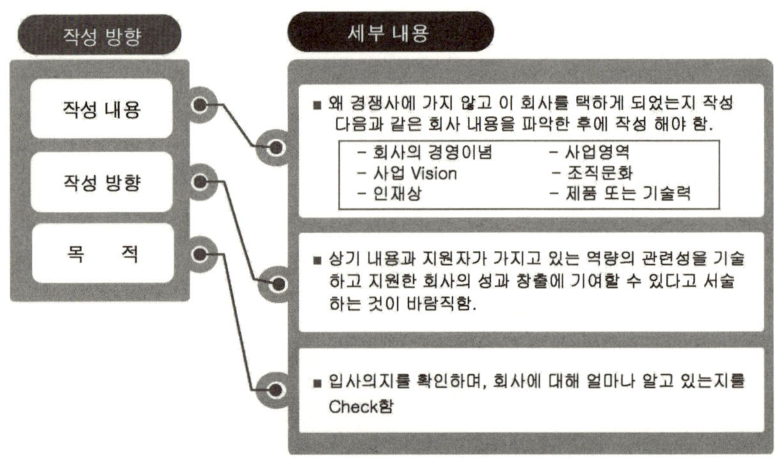

지원동기의 내용을 읽고 준비된 지원자라는 느낌은 전혀 없다.

위 세 가지 잘못된 지원동기 작성 사례를 보면서 많은 것을 느꼈을 것이라고 생각한다. 지원 동기는 회사에 대해 충분한 조사와 분석을 한 후 자신이 왜 경쟁사를 선택하지 않고 이 기업을 선택하게 되었는지 이유를 분명히 제시하고, 자신이 가지고 있는 역량을 발휘하여 기업의 성장·발전에 기여하겠다는 식으로 작성해야 올바른 작성이다. 즉, "Why"를 올바르게 이해하면 기업이 원하는 지원동기를 작성할 수 있을 것이다.

나의 Sales Point

기업은 이익을 창출하기 위한 집단이라는 것과 이익을 창출하기 위해서 구성원 각자는 자신에게 주어진 과제를 해결할 수 할 수 있는 능력을 갖추어야 한다는 것을 잘 알 것이다. 채용은 주어진 과제를 해결할 수 있는 능력을 갖춘 인재를 채용하는 것이라고 할 수 있으며, 지원자의 능력을 알아보는 것은 서류전형이나 면접에서 매우 중요한 일이다. 기업마다 표현은 조금씩 다를지 모르지만 능력을 갖춘 인재인지를 알아보려고 하는 질문을 하고 있다는 것이다. 따라서 자신이 가지고 있는 강점을 어필해야 한다.

"남들이 내가 잘 한다고 하는 재능 다섯 가지를 기술하시오. 직무 수행과 연계하여 자신의 강점과 보완점을 기술하시오. 지원하신 직무를 본인이 잘 수행할 수 있다고 생각하는 이유를 본인의 경험과 관련하여 구체적으로 기술하시오. 학창시절 관심을 가진 분야와 그 분야를 위해 특별히 노력을 한 경험을 기술하시오."

위와 같은 질문들이 지원자의 강점을 알아보고자 하는 질문들이다. 실제 지원자는 어떻게 작성하고 있는지 보자.

웃음 전도사

저는 호탕한 웃음으로 타인을 미소 짓게 하는 힘을 갖고 있습니다. '하하하' 큰 저의 웃음소리를 들은 주변사람들은 "너의 웃음소리에 나도 웃게 된다". "웃음소리로 멀리 있어도 넌 줄 알았다."라는 말을 합니다. 이점은 낯선 사람과도 쉽게 가까워질 수 있도록 도와주고 조직 내의 분위기를 긍정적으로 변화시키는 힘을 갖고 있습니다.

위 자기소개서에서 지원자는 자신을 웃음의 전도사라고 말하고 있으며, 자신만의 강점이라고 한다. 웃음이 사람들의 기분을 좋게 만든다는 것은 누구나 다 아는 말이다. 하지만 웃음과 경영지원 직무와의 연계성을 글 속에서 찾아볼 수 없었다. 웃기만 잘 하면 일이 저절로 될 수 있다고 하는 말 같다. 자기소개서 질문은 지원한 직무를 잘 할 수 있는 자신만의 강점, 즉 직무역량을 묻고 있는데, 전혀 다른 답변을 하고 있는 것이다.

또 다른 지원자는 생산관리 분야를 지원하면서 웃음이 강점이라고 하고 있다.

저의 가장 큰 재산은 웃음입니다. 왜냐하면 저의 웃음은 저의 웃음일 뿐만 아니라 주변 사람의 웃음도 될 수 있기 때문입니다. 어떠한 일이든 즐거움과 긍정적인 마인드로 수행할 때 가장 효율적이라고 믿고 있기에 OOO회사와 함께하는 모든 분들에게 저의 웃음을 평가 받고 싶습니다.

이 지원자는 자신이 지원하는 직무는 고려하지 않고 자신의 특성을 강조하고 있는 것 같다. 최근 인터넷 취업 카페에서 웃음을 소재로 자신을 표현하는 사례를 본적이 있었는데, 이 두 사람도 그 내용을 참고하여 작성한 것 같다. 만일 이와 같이 자신의 강점을 기술한다면 실제 면접에서 좋은 평가를 받기는 어려울 것이다.

그러면 어떻게 작성하는 것이 올바른 방법일까? 먼저 이 질문이 요구하고 있는 것이 무엇인지 이해하는 것이 첫 번째 이다. 이 질문은 직무 수행과 관련하여 대학시절 배운 지식이나 경험 중에서 자신이 다른 사람보다 탁월하다고 생각하는 것들을 구체적으로 제시하기를 요구하고 있다는 것이다.

따라서 대학시절 특별히 관심을 가지고 공부했던 분야, 또는 잘 했던 과목, 과제수행 경험이나 프로젝트 경험, 자격증 취득, 외국어 능력등과 같이 다양한 관점에서 다른 사람보다 자신이 잘 하는 것을 기술하는 것이 정답일 것입니다.

또한 자신이 대학시절 경험 중에서 어려움을 해결했던 사례를 예로 들면서 자신이 어려움을 해결하기 위해 어떻게 행동했는지 구체적으로 기술 하면서 자신이 입사해서 주어진 직무를 잘 수행할 수 있는 인재라고 우회적으로 표현하는 것도 좋은 답변이 될 수 있다.

경험과 교훈

누구나 살아오면서 많은 경험을 하게 마련이다. 즐겁고 행복한 경험도 하게 되지만 어렵고 힘든 경험도 하게 된다. 또한 자신이 주도적인 역할을 하기도 하고 참모 역할을 하기도 한다. 특히 대학시절 경험들은 사회에 진출해서 자신의 능력을 발휘거나 주어진 일을 하는데 있어서 큰 도움이 된다.

그래서 기업은 신입사원 채용에 있어서 살아오면서 어떤 경험을 했는지 매우 중요하게 생각한다. 특히 어려움을 극복한 경우는 향후 직장

생활에서 비슷한 상황에 부딪혔을 때 스스로 해결할 수 있는 원동력이 되고, 주도적인 역할을 한 경험은 입사해서도 주도적으로 자신의 직무를 수행할 것이라고 믿는다.

예를 들면 다음과 같은 질문들은 구체적으로 자신의 경험을 기술해야 한다.

"지금까지 겪었던 일 중 어려웠거나 실패했던 경험과 어떻게 대처했는지 기술하시오.", "학교, 동아리 등에서 주도적으로 변화를 주도 하거나 개선을 시도한 경험을 기술하시오." "자신만의 창의적이고 재치 있는 방안으로 문제를 해결한 경험 및 어려움을 극복한 경험을 구체적으로 기술하시오." "자신이 속한 단체 속에서 주도적으로 문제를 해결했거나 변화를 시켰던 경험을 기술하시오."

위 질문들은 앞서 말한 것처럼 자신이 살아오면서 문제를 해결했거나, 어려움을 극복한 경험을 요구하고 있다. 질문의 의미를 제대로 이해하고 적합한 자신의 경험을 찾은 지원자는 작성을 하는 데 별 어려움이 없겠지만, 그렇지 못한 경우는 어떤 내용으로 자신을 나타낼지 고민하는 경우가 많은 것도 사실인 것 같다. 그래서 실제 한 지원자가 작성한 자기소개서 내용을 소개하려고 한다.

이 지원자는 1200자 이내로 "자신이 살아오면서 부딪쳤던 가장 큰 장애물을 끝까지 완수한 사례를 기술하고 그 난관을 극복하기 위해 어떠한 노력을 하였고, 그 결과는 어떠했는지 기술하라."는 질문에 대해 다음과 같이 기술하고 있다.

위기에 처하다

2008년 경기침체와 함께 부모님께서 운영하시는 작은 가게가 어려움을 겪기 시작했습니다. 유가상승, 소비심리 위축 등 다양한 원인이 존재했지만 그 중 으뜸은 대형 할인점의 등장이었습니다. 대형할인점은 저렴한 가격을 무기로 내세웠습니다. 기존의 고객들이 하나 둘씩 할인점으로 갔고, 가게 수입이 줄어들자 부모님의 다툼이 잦아졌습니다. 집안 분위기는 바닥을 쳤고, 심지어 가게를 팔고 다른 곳으로 이사를 갈 생각까지 했었습니다.

위 내용은 부모님이 운영하는 작은 상점의 경영이 어려워져서 가족 전체가 어려움을 겪게 되었던 사례를 구체적으로 쓰고 있다. 내용에서 충분히 어려운 상황이라는 것을 알 수 있는 내용으로 작성되어 있다.

가게 구하기

모든 상황을 이대로 둘 수는 없었습니다. 저는 부모님과 함께 본격적으로 '상점 구하기'에 돌입했습니다. '단골 고객 이탈 최소화'라는 1차 목표를 세웠습니다. 이를 위해 서비스를 강화했습니다. 상점을 방문하는 고객에게는 친절하게 인사하고 계산을 기다리는 동안 쉴 수 있는 공간과 음료수를 비치 했습니다. 그리고 전화 주문은 물론 구매한 물건을 아파트까지 배달해 주는 서비스를 실시 했습니다. 시간이 없거나 부득이 가게에 와서 물건을 구입하기 어려운 경우는 사전 예약을 받고 물건을 준비 했다가 직접 배달해 드렸습니다. 작은 가게에서 신속하게 물건을 배달해 주는 것을 보고 고객들은 매우 만족해 했습니다. 그리고 상품의 종류를 대폭 개선했습니다. 대형 할인점과 경쟁이 되지 않는 품목들 대신에 필요할 때 쉽게 구매할 수 있는 생필품과 작은 단위의 계절 채소와 과일을 추가했습니다. 그러나 단골 고객의 수는 유지할 수 있었지만 새로운 고객을 확보하지 못한다는 한계점이 있었습니다.

두 번째로는 어려움을 포기하기 보다는 상점을 정상화시키기 위해 목표를 정하고, 다양한 아이디어를 내고 실천에 옮김으로써 고객들로부터 호응을 얻게 되었다고 쓰고 있다. 아주 구체적으로 기술하고 있어서 꾸며낸 이야기가 아닌 자신의 경험을 쓰고 있다고 느껴진다.

반짝이는 아이디어를 내놓다

'상권 확대와 새로운 고객 확보'라는 2차 목표를 세웠습니다. 그래서 주위 다른 아파트에도 우리 가게의 상품과 서비스를 알리기 위해 아이디어를 냈습니다. 많은 경우 출근을 하면서 저희 상가를 지나가기 때문이었습니다. 그래서 집에서 필요한 것을 사전 주문할 수 있는 전단지를 만들어 아파트 복도에 비치하였다가 출근길이나 외출하면서 주문을 할 수 있도록 하면 어떨까 생각을 했습니다. 아이디어를 냈습니다. 그리고 '신속하고 정확한 배달'을 우리 가게의 모토로 삼았습니다. 또한 마일리지 제도를 도입해서 재 구매를 한 사람에게 혜택을 주는 것을 작은 가게지만 동네 처음으로 실시했습니다. 저의 이러한 창의적인 아이디어는 아버지의 가게를 구할 수 있었고, 더 많은 고객을 유치할 수 있었습니다. 저의 이러한 열정과 창의적인 아이디어는 입사해서 더욱 더 발휘될 것입니다.

끝으로 상점이 지속적으로 유지 발전하기 위해 창의적인 아이디어를 내고 실천했다고 쓰고 있으며, 자신이 냈던 아이디어를 아주 구체적으로 나타내고 있으며, 어려움을 극복하게 되었다고 기술하고 있다. 형식은 단막극 시나리오의 형식을 갖추고 있어 쉽게 이해할 수 있었다.

이 지원자의 자기소개서는 말 그대로 자신이 경험했던 내용을 아주 구체적으로 이해하기 쉽게 기술하고 있는 점이다. 또한 내용 속에서 이 지원자는 주도적이고 창의적인 사람이고, 어려움을 극복할 수 있는 인재라는 것을 잘 보여주고 있다. 그래서 이 사례는 질문에 부합하는 잘 쓴 자기소개서라고 할 수 있다.

대부분의 구직자들도 살아오면서 어려움에 처했을 때 현명하게 행동하고 극복했을 것이다. 또는 자신에게 주어진 과제를 자신만의 아이디어로 좋은 결과를 얻은 적도 있을 것이다. 따라서 자신이 경험했던 사례를 바탕으로 위와 같이 구체적으로 작성한다면 좋은 평가를 받을 수 있다.

도전과 열정

대졸 신입사원 채용에 있어서 도전과 열정은 매우 중요한 덕목이며, 이것을 확인하는 것은 매우 중요하다. 지원자가 살아오면서 목표를 세우고 열정을 다해 노력했던 경험은 입사 후에 부여되는 자신의 직무 분야에서 높은 성과를 낼 수 있는 원동력이 될 것이기 때문이다. 특히 대학시절 경험들은 취업과 연계하는 데 있어서 더 중요하다고 할 수 있다.

그래서 대부분의 기업들은 지원자의 도전과 열정에 대해 묻고 있는 것이다. 따라서 지원자는 자신이 도전적이고 열정적인 사람인 것을 보여줄 수 있어야 한다. 하지만 막상 자기소개서를 쓰려고 하면 자신의 도전사례와 열정적으로 행동했던 사례를 찾아내는 것과 글로 표현하는 데 애를 먹는다. 그래서 다른 사람들의 글을 참고하기도 한다. 때로는 "저는 마땅히 도전을 했다고 할 만한 경험이 없는데 어떻게 하죠?" 혹은 "열정에 대해 쓰라고 하는데 어떤 내용을 써야 하는지요?"라고 묻는 사람도 있다.

사람들은 누구나 살아오면서 관심을 가졌던 일이 있고, 그 일을 잘 하기 위해 목표를 세우게 마련이다. 그리고 목표를 달성하기 위해 열심히 노력한 경험을 다 가지고 있다. 학교 성적을 높이기 위해 노력을 하거나, 자신의 취미 활동을 하면서 열심히 배워본 경험, 실험실에서 어려운 과제를 해결하기 밤새워 실험을 했던 기억, 외국어를 배우기 위해 낯선 나라에서 어학공부를 하던 경험, 자기 자신의 한계에 도전하기 위해 무전여행을 하거나 국토대장정에 참여했던 일들. 누구나 자신의 과거를 돌이켜 보면 도전과 열정의 경험을 가지고 있다.

이런 것들이 바로 자신의 도전과 열정의 소재가 되고, 과정에서 배우고 느낀 점을 기술한다면 자신의 도전과 열정에 대한 설명으로 충분할 것이다.

　다음과 같은 질문들이 도전과 열정을 묻는 질문들이다.

　"지금까지 살아오면서 가장 열정을 바쳐서 경험했거나, 이루었던 내용을 구체적으로 기술하시오.", "자신이 가진 열정에 대하여 기술하시오.", "내 생애 가장 큰 도전과 성취에 대해 기술하시오."
　"본인이 이룬 가장 큰 성취/실패경험에 대하여 구체적으로 기술 하시오.", "다른 사람들이 어렵다고 시도하지 않은 일을 추진하여 성공한 경험 또는 실패한 경험 중 에서 가장 대표적인 사례를 기술하시오."

　기업마다 표현은 조금씩 다르지만 지원자의 도전정신과 열정을 알아보려고 하는 같은 질문이라는 것도 알 수 있다. 한 지원자가 자신의 도전과 열정에 대해 다음과 같이 기술하고 있다.

　도전함으로써 새로운 일에 적응하는데 걸리는 시간을 단축시키고, 여행을 통하여 다른 사람들과 교류하면서 저의 장단점을 파악하고자 노력하였습니다. 동남아시아 5개국을 혼자 여행하면서 추진력과, 담력을 시험해 볼 수 있었습니다. 그리고 여행을 하면서 문화교류를 한 적이 있습니다. 이때부터 각 나라별로 외국인 친구를 1명씩 두는 것이 목표가 되었고 취미가 되었습니다. 앞으로 더 적극적으로 노력하여 더 많은 친구를 만들어 볼 생각입니다.

위 내용을 보면 새로운 일에 적응하고, 자신의 한계에 도전하기 위해 해외 경험을 하게 되었다는 것과 나라별로 친구를 한 명씩 만드는 것이 취미이자 목표라고 쓰고 있다. 그리고 더 많은 친구를 만들 것이라고 한다. 이 글을 읽으면서 도전정신과 열정이 있는 사람으로 보기보다는 여행을 좋아하는 사람이구나 하는 생각만 든다.

만일 이 지원자가 여러 국가를 여행할 때 각 나라마다 자신이 얻고자 하는 목표를 정하고, 그 나라에서 경험했던 어려움이라든지 그 어려움을 해결하던 과정과 그 과정 속에서 배우고 느낀 점을 구체적으로 기술했다면 오히려 도전과 열정이라는 질문에 부합하는 자기소개서가 됐을 것이다.

또 다른 지원자의 자신의 열정에 대해 쓰고 있다.

친구와 함께 듀엣으로 청소년 가요제에 출전하였으나 준비 부족으로 인해 예선에서 탈락하는 쓴 경험을 했습니다. 그때부터 저는 무슨 일을 하던 사전에 철저히 조사하고 준비를 하는 습관을 가지게 되었으며, 조금씩 제 자신에 대해 자신감을 갖게 되었습니다. 그리고 다른 사람들 앞에서 당당히 제 능력을 보여주기 위해 반년 동안 목에서 피가 날 정도로 열심히 노래 연습을 하였습니다. 결국 학교 축제의 가요제에서 1등을 차지할 수 있었습니다. 저의 열정의 결과라고 생각합니다. 이런 경험을 통해서 저는 목표를 세우고 포기하지 않고, 열정을 가지고 노력한다면 못 이룰게 없다는 확신을 가지게 되었습니다. 또한 진정한 열정이 만든 자신감이면 뭐든지 할 수 있다는 긍정적인 마인드를 가질 수 있게 하였습니다.

위 지원자는 준비 없이 가요제에 나가서 탈락했던 경험을 거울삼아 열심히 노력해서 교내 가요제에서 1등을 하는 결과를 얻었고, 열정을 가지고 노력하면 무엇이든 이룰 수 있다는 자신감과 긍정적인 마인드를 갖게 되었다고 느낀 점을 쓰고 있다. 짧은 내용 속에서 자신의 열정을 우회적으로 말하고 있다. 다만 지원하는 직무 분야와 연계해서 볼 때 사례가 다소 거리감은 있지만 첫 번째 사례 보다는 잘 쓴 사례라고 볼 수 있다.

끝으로 자신의 도전과 열정을 잘 나타낸 자기소개서이다.

대학교 3학년 마케팅 관리 수업에서 팀별 과제를 할 때의 일이었습니다. 마케팅 전략을 수립해서 발표하는 것이었습니다. 저는 제가 살고 있는 지역 '시민회관을 시민들에게 알리는 마케팅 전략' … 주제로 채택되었습니다. 제품 마케팅을 주제로 … 많은 어려움을 겪었습니다. 공연장의 내부 자료도 구하기 힘들었고, 다른 공연장과의 비교도 쉽지 않았습니다. … 하지만 시민회관을 통해 지역 공연문화의 방향을 제시해보고 싶어 팀원들을 설득했습니다.

다른 공연장을 찾아가서 현황을 들었고, 필요한 자료들을 구했으며, 자료를 조사하고 분석하였습니다. 다른 지역의 경우를 조사하기 위해서는 사전 설명을 드리고 메일로 자료를 받을 수 있었습니다. 이들 자료를 팀원들과 분석했고, 시민들이 참여하는 시민회관 공연 프로그램

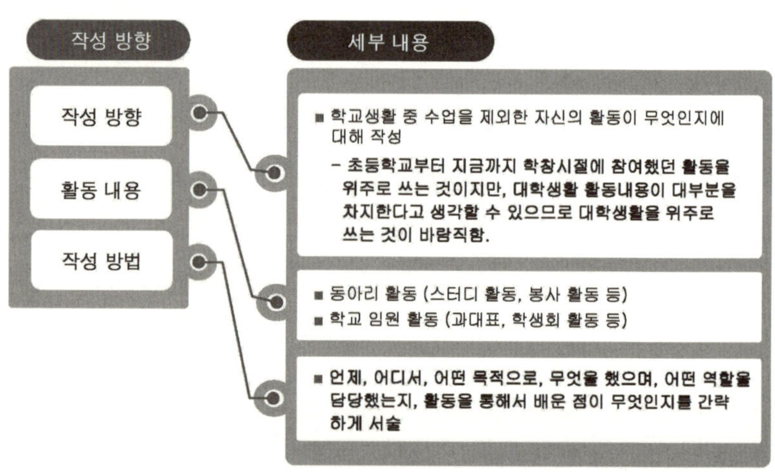

을 제안할 수 있었습니다.

그리고 정리된 자료는 발표 준비를 수차례 연습하면서 발표에도 자신감을 가질 수 있었습니다. 조별 발표 시간에 저는 발표를 했고 교수님으로부터 칭찬을 받을 수 있었으며 과제 점수는 A+를 받을 수 있었습니다. 이를 통해서 어려워 보이는 과제도 도전하고 열정을 가지고 노력한다면 좋은 결과를 얻을 수 있다는 큰 깨달음을 얻을 수 있었습니다.

이 사례에서 지원자는 학창 시절 마케팅 수업 시간에 했던 과제를 도전과 열정의 소재로 삼아서 쓰고 있다. 과제를 수행하면서 겪었던 어려움과 어려움을 극복하기 위한 자신의 노력을 잘 나타내고 있다. 또한 열정을 다해 노력한 만큼 좋은 결과를 얻을 수 있었던 것과 이를 통해서 도전과 열정이 좋은 결과를 가져다준다는 것을 깨닫게 되었다고 기술하고 있다. 대졸 신입사원의 도전과 열정으로 적합한 사례이며 잘 표현하고 있다.

[대기업 자기소개서 작성 실전 가이드]

존경하는 사람(15자)

존경의 대상은 향후 자신이 맡게 될 직무, 분야, 속한 사회에서 자신의 Role Model로 적합한 사람 또는 지금까지 자신의 행동이나 가치관, 직장관, 생활에 영향을 준 사람을 존경의 대상자로 선택한다.

존경하는 사유(50자)

존경하는 이유는 직무의 특성과 연관 지을 수 있으면 좋다. 그리고 강한 책임감, 끈질긴 승부욕, 충만한 지적 호기심, 도전정신 등을 존경하는 이유로 제시한다.

자기소개(400자)

성장과정 중의 부모님 영향과 자신의 가치관/좌우명을 소개하고, 학창시절 자신이 주도적으로 참여했던 활동을 기술하면서 그 때 배운 점이나 느낀 점을 기술한다. 그리고 자신의 입사 후 각오를 기술하면서 마무리한다.

직무수행과 관련하여 자신의 강점(200자)과 보완점(200자)을 자세히 적어 주십시오.

자신이 지원한 직무와 관련성이 있는 내용으로 작성하며, 강점은 경쟁자와 차별화 할 수 있는 전공지식, 어학능력, IT Skill, 자격증, 성격, 사회경험 등을 중심으로 기술한다. 보완점은 자신이 지원한 직무를 수행하는 데 있어 현재 부족하다고 생각하는 것을 기술한다.

- 예) 영어로 읽고,쓰는 능력은 좋지만 아직 스피킹 능력은 상대적으로 부족하기 때문에 학원 수업을 하면서 보완하고 있다는 식으로 기술한다.

직무수행과 관련하여 자신의 강점(200자)과 보완점(200자)을 자세히 적어 주십시오.

지원동기는 왜 경쟁사에 가지 않고 삼성전자를 선택하게 되었는지 이유 또는 계기를 기술 하면 된다. 작성할 때에는 삼성전자의 경영철학, 비전, 인재상, 기술력, 제품, 대외 활동, 최근 기업의 주요 이슈 등을 사전에 찾아보고 자신과 연계하여 기술한다.

장래포부를 기술할 때에는 직무와 관련해서 회사 내에서 이루고 싶은 자신의 목표와 어떻게 그 목표를 실현할 것인지 실천계획을 부연하여 기술한다. 사적인 목표는 기술하지 않는다. 그리고 장래 포부는 실현가능성이 있는 목표로 설정하고, 구체적인 달성 방법을 제시하는 것이 좋다. 예를 들면 전문가, 책임자 등이 자신의 목표라고 기술한다.

자신이 가진 열정에 대하여

자신이 가진 열정을 기술하기 위해서는 그 동안 살아오면서 자신의 경험 했던 것을 소재로 삼아 기술하면 좋다. 특히 도전적인 목표를 세우고 계획해서 실천 했던 경험을 기술하는데 그 과정에서 어려웠던 점과 이를 극복하기 위해서 자신이 했던 행동이나 활동들을 구체적으로 기술하면 된다. 예를 들면 팀 프로젝트를 소재로 한다면, 과제를 수행하는 데 많은 어려움이 있었던 것과 동료들은 포기하려고 했는데 자신은 과제 해결을 밤새워 실험을 했던 과정과 이 과정에서 자신이 한 행동을 구체적으로 기술하고 이것이 자신의 열정이라고 기술한다면 그것이 자신의 열정을 보여주는 것이 된다.

본인이 이룬 가장 큰 성취에 대하여

성취 경험에 대해 기술할 때는 학업이나 자신이 참여했던 활동 중에서 소재를 찾아 기술하되. 그 중에서 가장 결과가 좋았던 것을 소재로 삼아 기술하면 된다. 예를 들면 장학금을 6회 받았던 사례, 어학연수를 가지 않고도 높은 점수나 레벨을 취득한 사례, 자신이 연구한 과제가 높은 평가를 받았던 사례 등 자신에게 가장 의미 있었던 것을 소재로 쓰고 이를 통해서 배우고 느낀 점을 부연설명 하면 좋은 답변이 될 것이다.

본인이 가장 큰 실패 경험에 대하여

가장 큰 실패 경험을 기술하기 위해서는 자신에게 있어서 목표했던 것보다 결과가 기대보다 낮게 나왔던 것을 소재로 삼아 기술한다. 특히 진행 과정에서 자신이 부족했던 점이나, 계획이 잘못 되었던 점, 실행을 게을리 했던 점등 실패의 원인이 무엇이었는지 말하고 이를 통해서 배우고 느낀 점이 무엇이었는지를 부연해서 기술하면 된다.

본인의 역량에 관하여 (Global 감각/지원 분야 관련 전문 지식)

이 질문은 Global 감각과 지원분야에 대한 전문지식 두 가지 모두 기술해야 한다. 글로벌 감각을 기술할 때에는 자신이 가지고 있는 외국어 구사능력과 해외 경험을 통해 얻게된 이문화에 대한 이해를 중심으로 기술하면 된다. 해외 경험이 없는 경우는 이문화에 대한 이해를 하기 위해 국내에서 자신이 했던 경험을 기술한다. 예를 들면 국제행사 자원봉사 경험 같은 것이다. 그리고 전문지식에 대해서 기술할 때에는 지원분야와 관련성 있는 지식과 경험을 소재로 기술하면 무난하다.

본인의 성격에 관하여 (본인의 강점/약점에 대하여)

자신의 성격을 기술할 때는 먼저 자신의 성격이 외향적 성격인지, 내향적 성격인지 먼저 생각해 보고 각 성격에서의 장점을 위주로 기술하면 된다. 예를 들면 제 성격은 외향적 성격으로 매사에 적극적이고, 활동적이며, 사교적인 것이 장점입니다. 단점은 다소 꼼꼼하지 않은 점이 잇는 것입니다. 반대로 내향적 성격의 소유자는 매사에 꼼꼼하고 신중한 것이 장점이라고 기술하고 단점은 다소 적극성이 부족하다고 기술하며, 이를 보완하기 위해 모임에 적극적으로 참여하고 잇다고 기술하면 된다.

본인의 10년 후 계획에 대하여

10년 후 계획을 기술하는 것은 10년 후에 목표가 무엇인지를 묻는 질문과 같다. 10년 후에는 자신이 맡은 직무 분야에서 전문가가 될 것이며, 중간 관리자로서 상사를 보좌하고 부하사원을 육성하는 사람이 되는 계획을 가지고 있다는 식으로 기술하면 무난하다. 그리고 부연해서 그런 사람이 되기 위해 자신이 어떤 노력을 할 것이지 쓰면 좋은 내용이 될 것이다.

성장과정 : 가정환경 및 고등학교까지의 개인 성장사를 간단하게 기술

이 질문은 지원자의 가정환경 및 고등학교까지 학교에서 어떻게 생활했는지 알아보려는 질문으로 , 자신이 부모님 슬하에서 배우고 느낀 점을 기술하고, 특히 좌우명이나 생활신조가 있다면 그것을 간략히 기술해도 좋다. 그리고 학교생활은 반장이나, 회장, 자신이 참여 했던 활동 등을 기술하고 교훈이 있다면 무엇인지 주어진 글자 내에서 서술하면 된다.

새롭고 참신한 아이디어로 좋은 결과를 얻은 경험

이 질문은 지원자의 창의성을 묻는 질문으로 대학시절 조별 과제나 팀과제, 또는 동아리 활동 등에서 자신이 창의적인 아이디어를 제시하고 그 아이디어로 인해 좋은 결과가 있었던 것을 소재로 삼아 목적과 과정, 결과를 6하 원칙에 의거하여 구체적으로 기술하면 질문에 부합하는 내용이 될 것이다. 특히 자신의 창의적이 아이디어는 구체적으로 기술하는 것이 더 좋으며, 주위 동료들의 평가도 아울러 기술하면 더 설득력이 있다.

본인성격과 및 지원동기, 지원한 직무에 대한 자신의 강점과 약점

이 질문에 대한 기술 방법은 앞에서 다루었던 내용을 참고 하여, 본인의 성격의 장점, 지원하게 된 이유, 지원분야에서 다른 지원자와 차별화 할 수 있는 자신의 능력을 기술하면 된다.

어렵다고 시도되지 않은 일을 시도하여 실패해 본 일

이 질문에 대해 기술할 때에는 자신이 생각할 때 다른 사람들이 어렵다고 잘 하지 않는 것을 자신이 했던 경험을 소재로 삼아서 기술하면 좋다. 그리고 작성할 때에는 구체적으로 자신이 했던 행동이나 생각을 기술하고, 결과적으로 실패하게 된 이유나 원인을 기술하면 된다. 그리고 이런 실패를 통해서 어떤 교훈을 얻게 되었는지 부연해서 기술한다.

차별화된 능력을 위해 자기계발을 해 본 경험

다른 사람과 차별화 하기 위해 대학시절 자신이 했던 경험이나 활동을 소재로 구체적으로 기술한단. 예를 들면 글로벌 감각을 높이기 위한 어학연수, 여행 경험, 전문지식을 높이기 위한 자격증 취득, 다른 사람과 차별화되는 봉사경험, 프로그래밍 능력, 설계능력, 인턴십 경험 등을 소재로 삼아서 6하 원칙에 의거하여 기술하면 된다.

본인과 맞지 않은 사람과 프로젝트를 해 본 경험

이 질문은 단체생활에서 조직적응력 및 대인관계, 문제해결능력을 보고자 하는 질문으로 대학시절 단체경험 또는 조별 활동 중에서 소재를 찾고, 단체활동 중에서 있었던 갈등이나 문제점들을 기술하고, 이를 해결하기 위해서 자신이 어떻게 행동했는지를 구체적으로 기술하면 된다.

<h1 style="text-align:center">잘 쓴 자기소개서
사례(D기업)</h1>

1. 귀하께서 지원분야에 대한 적합성을 가지고 있다면, 그 근거를 세가지 (전공 및 기타의 지식 / 자신의 장기 Vision / 귀하의 성격) 차원에서 정리하여 기술하시오.

[전공 및 기타의 지식]

공학인증 과정을 통한 전공과목을 수강함으로써 공학자로써 갖추어야 할 과목을 수강하며 전공과목을 중요하게 생각하여 체계적으로 학습하여 비교적 좋은 점수를 받을 수 있었고, 특히 기계설계 과목의 실제 축 설계와 기어박스 설계를 통해 작은 부품이 모여 하나의 형태가 만들어 지는 것을 보고 설계에 더욱 흥미를 갖게 되었습니다.

[자신의 비전]

교내 동아리에서 회장을 맡아 회원들과 프로젝트를 하고, 종교 활동 등을 하며 팀장을 맡아 업무/사람에 대한 책임감과 리더십을 배웠습니다. 여러 활동의 리더의 경험을 바탕으로 항상 깊게 생각하는 열정과 배려의 마음을 가지고 대우조선해양에 꼭 필요한 일꾼이 되고 싶습니다.

[성격]

　저는 적극적이며, 계획적인 성격입니다. 군 제대 후 학점을 높여야겠다는 생각과 동시에 영어와 일본어를 해야겠다는 생각이 들었습니다. 동시에 여러 가지를 하려 하니 효율적인 시간관리가 필요했습니다. 그래서 작게 30분 단위까지 해서 계획을 세운 결과 학점, 영어, 일본어에서 모두 좋은 결과를 얻을 수 있었습니다. 도전하는데 즐거움이 있고 계획을 세워 실행해 나가면 성취하는 즐거움이 있음을 항상 마음에 새기고 있기에 계속 해서 새로운 것을 받아들여야 하는 설계에서 좋은 결과를 내리라 확신합니다.

2. 귀하께서 Global 감각 배양을 위해 수행한 활동과, 그러한 활동을 통해 얻은 결과에 대해 구체적으로 기술하시오.

　글로벌 감각을 배양하려면 우선 어학이 되고, 그 나라 문화를 이해해야 한다고 생각합니다. 군 제대 후 영어의 중요성을 인식하여 전공과목에 충실하며 영어공부에 전심을 기울였고, 영어 외에 일본어 역시 학습하여 일본어능력2급을 취득할 수 있었습니다. 또한 외국문화와 사고방식을 배우기 위해 교내 교환 학생인 일본인 친구와 특히 중국인 친구와 교제를 나누고 싶어 중국 유학생 모임에 학교 소개와 한국어에 도움을 주기로 하고 유학 온 중국인 친구와 가깝게 지내며 그 나라 문화와 언어를 배웠습니다. 이를 통해 외국문화를 수용하는 법을 배웠고 서로 이해하는 법을 배웠습니다.

3. 귀하께서 수강했던 전공 (필수 & 선택) 과목 중 가장 관심 있었던 10과목을 과목명 / 취득 평점 순서로 기술하시오.

　1. 유체역학 (A+) 2. 전지전자 물리학 (A+) 3. 정역학 (A+) 4. 기계공학실험 (A+) 5. 기계설계 (A) 6. 열역학 (A) 7. 공업계측 및 제어 (A) 8. CADCAM (A) 9. 공작기계 (A) 10. 열동력 (B+)이외에도 이론으로 배운 설계를 실제로 설계하고 제작해보는 창의적 공학설계와 태양에너지와 수소에너지를 학습 하는 열 시스템 최적 설계를 배우고 있습니다.

4. 사회봉사 활동 (취지, 기관 / 단체명, 활동기간, 역할 등) 또는 수상 (주최기관 / 단체, 수상결과, 준비 과정 등) 경력이 있다면 구체적으로 기술하시오.(유경력자에 한해 기술)

　대학교 1학년 때부터 지금까지 매주 일요일 초등학생에게 영어를 가르치는 영어교사로 봉사하며 독거노인에게 쌀, 빵 전달과 최근에는 태안 기름제거에 참여하여 보수가 없는 일이라도 내가 아닌 다른 사람에게 즐거움과 도움을 주는 것에서 나 또한 즐거움을 얻을 수 있음을 배웠습니다. 2012년 교내 토익경시 대회에서 장려상을 수상하였습니다. 교내에서 수상할 만한 성적이 되진 않았지만 시험 동안 스피커의 상황이 너무 좋지 않아 대부분 LC를 푸는 도중에 포기한 것 같습니다. 이 때문에 끝까지 포기하지 않고 집중한 저는 RC 부분에서 나쁘지 않은 점수를 얻을 수 있었고 결국 좋은 성과를 내었습니다. 이 때 저는 무엇이든지 계획을 세우고 또 포기하지 않으면 결과를 얻기 위해 열정이 생기고 반드시 좋은 결과를 얻는다는 것을 배웠습니다.

5. 귀하의 대학생활이 타인과 차별화되는 이유를 지성인으로서의 가치관 형성 / 사회인식 / 학업 이외의 활동 / 미래에 대한 준비차원에서 기술 하시오.

[가치관 형성]

씨를 뿌려 야 수확물이 있다. 농업에 종사하신 할아버지의 영향을 받은 아버지를 통해 씨를 뿌려야 수확물을 얻을 수 있듯 반드시 노력이 있어야 원하는 결과를 얻을 수 있다고 배운 저는 no pain no gain. 너무나도 많이 알려진 이 문구가 저에게는 항상 인식되어 왔습니다. 또한 신뢰가 바탕이 되어야 한다는 마음가짐으로 초등학교부터 한 번도 결석을 하지 않았고 지금까지도 성실함으로 사람들에게 신뢰를 주고 있습니다.

[사회인식]

현재 열 유체 동아리에서 회장을 맡아 프로젝트를 수행하고 있습니다. 실제 설계부터 구매, 제작까지수행해 본 경험으로 기술적인 문제와 팀을 실제로 이끌며 팀원들과 업무수행에 있어서 협력하는 법과 팀원들 간에서 중재자 역할로 조율하는 법을 배웠습니다.

[학업 이외의 활동]

대학교 1학년 때부터 종교활동을 하였습니다. 활발한 청년모임에서 연극과 봉사를 통해 서로를 신뢰하고 젊은이들의 열정을 느끼고 배울 수 있었습니다.

[미래에 대한 준비]

글로벌 시대에 발맞추어 영어 회화를 주력으로 학습하고 있으며, 외국인과 지속적인 만남을 통해 외국문화를 배우고 있습니다. 중국인 친구들이 많다는 점을 활용하여 중국어도 학습할 계획이며, 전공 외에 기계공학도로서 조선분야를 이해하기 위해 조선관련 전공 도서 특히 조선공학개론을 학습할 계획입니다. 또한 현재 대우 조선 해양의 OOO 팀장님을 나의 멘 토로 삼아 조선업에 대한 실제적인 이해와 뚜렷한 준비를 해 나갈 것입니다.

면접의 디테일

Chapter 1

퍼펙트 면접 준비법

면접의 모든 것

서류전형을 통과했을 때의 기쁨도 잠시, 면접 준비를 어떻게 해야 지원한 기업에 합격할 수 있을지 두려움과 걱정이 앞서는 것은 누구나 마찬가지일 것이다. 면접은 어떻게 진행되며, 면접관이 자신에게 어떤 질문을 할까? 올바른 답변은 무엇일까? 어떤 방법으로 답변해야 높은 평가를 받을 수 있을까? 면접과 관련한 모든 것들이 궁금하고 걱정일 것이다. 어렵게 서류전형을 통과하더라도 또다시 면접에서 많은 지원자들과 경쟁을 벌여야 원하는 기업에 입사할 수 있는 것이다. 면접에 소집되는 인원은 기업마다 다소 차이는 있지만, 대략 채용 예정인원의 3.5배에서 5배 정도된다. 일부 기업의 경우는 서류전형에서 채용인원의 20배 정도를 합격시키는 경우도 있다.

따라서 치열한 면접 전쟁에서 합격하여 살아남기 위해서는 기업의 면접에 대해 이해하고 철저하게 전략적으로 준비해야만 한다. 그래야 취업 전쟁에서 최후의 승리자가 될 수 있을 것이다. 이 책은 취업 전쟁에서 승리의 길로 안내해 주는 훌륭한 가이드가 되고자 한다.

그럼, 면접 전형이 진행되는 과정을 개략적으로 살펴보자. 소규모 수시 채용과 다르게 하반기 정기 공채의 경우는 채용 인원도 많기 때문에 면접전형은 2~3일에 걸쳐서 실시되는 것이 일반적이다. 일부 채용인원이 많은 기업의 경우는 1주일 동안 진행되기도 하고, 매주 토요일 몇 차례로 나누어 면접을 진행하는 기업도 있다. 면접 장소는 연수원이나 회사 건물 내의 회의실에서 진행되는 것이 일반적이다. 그리고 최근에는 기업 보안시스템 강화로 인하여 사전 안내된 장소에 집결하여 진행자의 안내를 받아 이동하는 것이 일반적이기 때문에 개별적으로 면접장으로 이동하는 것은 어렵다고 알아야 한다. 예를 들면 'OO 기차역 1번 게이트 앞 광장', 또는 'OO 운동장'에 정해진 시간에 집결하라고 안내를 받았다면 반드시 정해진 시간 전에 장소에 도착해 있어야 면접에 참석할 수 있다.

면접전형의 경우는 당일에 모두 마치는 기업도 있지만, 1차 면접과 2차 면접으로 나누어 실시하는 경우가 더 일반적이다. 1차 면접의 경우 실무 책임자들이 면접관으로 참석하고, 2차 면접의 경우는 임원진들이 면접관으로 구성된다. 1차 실무진 면접은 주로 지원한 지원 분야에 적합한 기본지식과 경험을 가지고 있는지 검증하려고 한다. 따라서 직무와 관련한 기본개념/원리 또는 직무와 관련한 경험 등을 사전에 정리해 두는 것이 좋다. 면접방법으로 집단토론과 프레젠테이션을 통한 면접을 하기도 한다. 2차 면접의 경우는 통상 임원면접이라고도 하는데, 지원자의 인성을 보면서 기업의 인재상과 조직문화에 부합하는 인재인지 평가한다.

다음은 면접대기실 풍경에 대해 소개해 보고자 한다. 면접에 참석하여 강당이나 회의실에서 대기를 하고 있노라면 면접을 준비하는 직원들이 분주하게 왔다 갔다 하는 것을 볼 수 있다. 때로는 여유롭게 지원자들에게 접근하여 궁금한 것이 있는지? 혹은 불편한 것이 없는지 친절하게 묻곤 한다. 이 때 불필요한 개인적인 궁금증을 묻는 것은 좋지 않다. 예를 들면 "언제쯤 끝나요?", "몇 명이나 채용할 계획인가요?"와 같은 질문이다. 또한 진행자의 눈에 거슬리는 행동은 절대 삼가야 한다.

잠시 후에 면접진행자(인사팀 직원)는 면접 참석자들을 확인하고, 면접 진행의 일정과 주의사항, 면접 조 편성 내용을 알려 주게 된다. 면접 안내가 시작되면 여러분들은 진행자의 안내에 귀 기울여야 한다. 면접 전형 안내는 바로 면접의 시작 됐음을 알려주는 것이기 때문이다. 따라서 안내가 시작되기 전에 필요한 것을 메모할 수 있도록 준비하는 것도 센스 있는 행동이다.

면접 대기 장소가 강당이나 대형 회의실인 경우는 맨 뒤쪽 또는 구석진 곳에 앉는 경우 진행자의 말을 잘 알아들을 수 없는 경우가 많다. 따라서 가급적 단상 앞쪽으로 자리를 잡아 않는 것이 좋다. 만일 뒤쪽에 앉아 있는데, 진행자가 자리를 조정하는 경우 진행자의 말에 따라 이동하는 것이 좋다. 실제 면접에서 대기실 뒤쪽에 앉아 있다가 자신의 면접 조 편성, 기타 주의사항을 잘못 들을 수 있다.

면접이 시작되기 전 면접관들은 무엇을 하고 있을까? 대기실에 앉아 있는 여러분들은 궁금할 것이다. 면접관들은 면접 장소에서 채용해야 할 대상과 인원규모, 평가기준, 면접시 주의사항, 각자의 역할에 대해 논의를 한다. 특히 입사지원서를 검토하면서 지원자 별로 특이한 사항을 체크하고, 질문할 사항들을 준비하면서 기다린다.

면접이 시작되고 첫 면접조가 입장을 했다. 면접관들은 입장하는 지원자들에게 예리한 눈초리로 관찰하기 시작한다. 입사지원서에서 보았던 그 지원자들을 첫 대면하는 시간이다. 입장하는 지원자들도 긴장하는 빛이 역력하다. 간략하게 지원자들의 자기소개를 들어본 후 본격적인 면접이 시작된다. 면접관들은 지원자를 파악하기 위해 입사지원서를 뒤적이면서 무엇인가 질문거리를 열심히 찾고는 날카로운 질문들을 던진다. 지원자는 면접관의 꼬리에 꼬리를 무는 질문에 정신을 못 차린다.

특히 첫 번째 면접 조는 집중적인 질문을 받을 가능성이 높다. 처음 시작하는 대상자라 기대감도 높고 다양한 관점에서 질문을 하면서 면접관 상호 조율을 할 필요가 있기 때문이다. 따라서 자신이 오전 첫 번

개별면접과 집단면접 특징

구분	면접위원	지원자	형식	특 징	비고
개별면접	1	1	1:1 면접	개인의 인성, 능력, 경력 등 파악 용이하고 지원자의 친밀감이나 편안함을 제고하면서 면접을 할 수 있다.	지원자가 소수일 때 또는 1차, 예비면접
	多	1	多:1 면접	지원자 개인에 대해 다양한 관점에서 평가가 가능하며, 특정 면접위원의 선입견이나 편견을 배제할 수 있다.	전문적 소수인원 채용 (연구원,경력직)
	1	多	1:多 면접	동일 질문을 사용할 수 있고, 지원자간 비교 평가가 용이하며, 지원자 상호간 자극을 통한 적극적인 참여를 유도할 수 있다.	비전문적 다수 인원 채용 (기능직,단순 근로자)
집단면접	多	多	1:多 면접	다수의 지원자가 동시에 면접이 진행 되어 지원자의 긴장감이 경감 되고,지원자에 대한 상대적 비교 평가가 용이하며 신뢰도를 높일 수 있다.	대졸 신입사원 공채에 주로 활용됨
	多	多	집단토론 면접	면접위원은 관찰자로서의 역할이 강조되는 면접으로 토론 참가자의 집단 속에서의 행태를 비교 평가한다. 주제파악 능력, 논리력, 설득력, 팀워크 등을 볼 수 있다.	지원자 상호간 비교 되며,다수인원 선발 시, 주로 신입사원 공채

면접방식에 따른 특징

구 분	세부 내용	특 징	비고
자유면접	- 지원자에 따라 면접위원이 질문 내용이나 시간을 조절하고, - 면접분위기에 따라 자유롭게 진행	- 지원자의 인성/적성을 보다 깊게 파악할 수 있다. - 반면 면접자의 주관/편견으로 다른 지원자와 객관적인 비교가 어렵다.	
표준면접	- 면접위원의 질문과 평가과정을 표준화 시킨 것으로 자유면접으로 결점을 보완하기 위한 방법	- 사전에 질문의 내용과 표현을 표준화 시켜 놓고, 거의 정해진 순서에 따라서 질문함으로써 객관성을 확보하고자 하는 면접방식 - "구조화된 면접"	
압박면접	면접위원이 일부러 지원자를 긴장 상태에 놓고, 그 때에 지원자가 어떻게 반응하는가를 관찰하는 면접 방식	지원자의 단점/약점을 이용하여 곤란에 빠뜨리기도 하고, 지원자에게 불쾌감을 주면서, 지원자의 자제력과 인내성, 판단력 등의 변화를 관찰한다.	
무자료면접	면접위원이 지원자의 출신학교, 전공 등 일체의 자료(입사지원서)없이 면접하는 방식	선입견이나 편견을 배제할 수 있어 공정한 평가를 할 수 있는 장점이 있는 방법이다. 토론면접과 프레젠테이션 면접이 이와 같은 면접 방식으로 진행된다.	

째 면접 조에 편성된다면 이러한 면접관들의 심리를 잘 파악할 필요가 있다. 따라서 자신감 있는 목소리로 자신의 생각이나 경험을 답변하는 것이 좋은 평가를 받을 수 있다. 반면에 오후가 되면 면접관은 다소 피로감을 느끼고 있을 것이며, 집중도가 떨어질 수 있다. 따라서 면접관의 질문에 대해 장황하게 답변하거나, 지루한 답변을 하지 않도록 주의해야 한다.

인재상과 취업면접

기업 인사책임자들이 방송 인터뷰나 기업 설명회에서 인재상의 중요성에 대해 강조하는 것을 본 적이 있을 것이다. 즉 인재상은 면접에서 지원자의 합격 여부를 판단하는 중요한 기준이 되는 것이다. 따라서 지원자는 기업의 인재상을 이해하고 , 면접에서 자신이 지원하는 기업의 인재상과 부합하는 사람이라는 것을 확인시켜 주는 일은 매우 중요한 일인 것이다. 이것이 면접을 준비하는 첫 번째 과제인 것이다.

사람은 기업이 지속적으로 성장하고 발전하는 데 매우 중요한 요소라는 것을 여러분들도 잘 알고 있을 것이다. 따라서 기업이 신입사원 채용 시에 인재상에 부합하는 유능한 지원자를 채용하려고 하는 것은 너무도 당연한 일이다. 우리는 기업 홈 페이지를 방문해서 쉽게 인재상의 키워드와 간략한 설명을 볼 수 있다. 하지만 기업마다 인재상이라고 하는 표현들이 유사하다는 것도 알 수 있다. 예를 들어, S전자는 "창의적인 인재, 도전적인 인재, 전문적인 인재, 글로벌 인재"를 필요로 한다고 하고, H자동차 회사는 "도전, 창의, 열정, 팀워크, 글로벌 마인드를 가진 인재", 그리고 L전자는 "빠르고, 강하며, 스마트한 인재"가 자신의 기업에서 원하는 인재라고 말한다. 표현은 다소 다르게 보이지만 거의 같은 인재를 원하고 있다. 따라서 인재상의 키워드만 보고 면접에서 자신이 부합하는 인재라는 것을 설명하거나 확인시켜 주기가 쉽지 않다.

가끔 취업을 준비하는 사람들 중에는 인재상의 의미를 이해하기 보다는 인재상의 키워드를 자기소개서에 반복하여 쓰거나, 면접에서 말하면서 자신이 인재상에 부합하는 인재라고 주장하는 경우가 많다. 하지만 면접에서 자신이 지원한 기업의 인재상을 알고 있는 것도 중요하지만 인재상에 부합하는 역량을 갖추는 것이 더 중요하다.

실제 면접에서 있었던 일이다. 면접이 시작되고 먼저 자기소개를 하도록 했다. 지원자들의 자기소개를 유심히 듣고 있었는데 그 중 한 지원자가 자신이 '인재상'에 적합한 인재라고 하면서 꼭 뽑아 달라고 했다. 자기소개가 끝나고 그 지원자에게 인재상의 키워드와 왜 그렇게 생각하는지 이유를 물어 보았다. 지원자는 뜻밖의 질문이라고 생각 했는지 당황하는 눈빛이었다. "열정~, 팀워크~, 한 가지는 잘 생각이 나지 않습니다."라고 말하는 것이었다. "그러면 지원자가 말한 두 가지가 우리 회사 인재상이 맞는가요?"라고 다시 질문을 했더니 자신 없는 듯한 표정을 지었다. "그럼, 지원자께서 우리 회사 인재상에 적합하다고 생각하는 이유를 구체적으로 말씀해 주시겠습니까?"라고 다시 질문을 했다. 잠시 머뭇거리더니 제가 대학시절 '국토대장정'에 도전하여 끝까지 행사에 참여하였던 경험이 있는데, 이런 것들이 인재상에 적합한 이유라고 대합했다.

대학시절 많은 학생들이 국토대장정에 참여하고 있는 것으로 안다. 좋은 경험임에는 분명하다. 하지만 참여 자체보다 참여하면서 겪었던 어려움과 극복하는 과정을 구체적으로 설명하는 것이 면접관에게 자신이 인재상과 부합하는 인재로 어필할 수 있는 것이다.

면접에서 인재상에 부합하는 자신의 경험을 구체적으로 답변한 한 지원자의 사례를 소개해 보고자 한다.

저는 대학교 3학년 경영학 수업시간에 팀 과제를 수행할 때의 일입니다. 저는 팀 리더를 맡으면서 과제 수행과 관련하여 기획을 담당하였습니다.

또한 제가 맡은 분야에 대해서 조사, 분석을 하는 일도 수행 하였습니다. 생각했던 것보다 과제는 쉽지 않았고, 그래서 저는 그 과제를 해결하기 위해 대학 도서관에서 관련 분야 책과 논문을 찾아보기도 했고, 부족한 부분은 기업을 방문하여 전문가에게 물어보기도 하였습니다.

그러면서 하나씩 문제의 본질을 찾아낼 수 있었습니다. 그리고 나머지 잘 모르는 것은 교수님께 자문을 얻어서 조사하고 분석을 했습니다. 힘들고 어려웠지만 과제를 해결하기 위해 많은 노력과 시간을 투자 했습니다.

친구들의 저를 보고“ 너는 과제를 수행하는 데 정말 열정적인 모습을 보여 주더라”라고 치켜세워 주었습니다. 당연히 결과도 좋아서 저희 조는 모두 A+를 받을 수 있었습니다.

면접관들을 당연히 이 지원자에게 높은 접수를 주었고, 지원자는 합격할 수 있었다.

면접의 10계명

면접에서 합격을 하는 것이 우리의 희망이자 꼭 이루어야 하는 목표이다. 우리는 앞에서 서류전형 합격 통보를 받고 준비해야 할 것과 면접 대기 장소에서 어떻게 행동해야 하는지를 보았다면, 여기서는 면접이 이루어지는 면접장 안에서 벌어질 일에 대해서 어떻게 준비해야 하는지 구체적으로 이야기하고자 한다.

면접에 참석하는 사람들은 면접관에게 자신들을 잘 보이기 위해 어떻게 행동해야 하는지 고민을 할 것이다. 하지만 어떤 말이나 행동들이 면접관을 감동시킬 수 있을지 아는 것은 쉽지 않다. 정답은 면접장 안에서 해야 행동과 하지 말아야 할 것을 알고 행동하는 것이다. 특히 하지 말아야 할 행동은 명심해야 한다. 실수를 하지 않아야 하며, 대수롭지 않게 생각하고 한 행동이나 말이 면접관에게 중요한 판단의 기준이 될 수 있기 때문이다.

그럼, 면접관으로부터 좋은 평가를 받을 수 있는 행동들을 하나씩 살펴보자.

❶ 예의를 갖추자

여러분을 평가하는 면접관에게 예의를 갖추는 것은 면접의 기본이며 매우 중요하다고 할 수 있다. 예의가 없는 사람은 인성과 품성이 올바른지 않은 사람으로 여겨질 수 있고, 함께 어울려 생활하는 조직에서 문제가 있을 것으로 생각할 수 있다. 그래서 면접관은 입장하는 여러분을 주시하고 관찰한다.

그럼에도 불구하고 지원자들 중에는 목례도 하지 않고 뻣뻣이 서서 들어오거나, 면접관이 자리를 안내하기도 전에 자신이 예약한 좌석인 양 의자에 앉는 사람, 자신감의 표현인지 몰라도 다리를 벌리고 앉아 있는 쩍벌남, 의자에 등을 기대고 편안하게 앉아 있는 사람들이 있다. 이러한 행동은 우리가 하지 말아야 할 행동들이다.

아무리 능력이 있어 보이는 사람이라고 해도 예의 없는 사람과 같이 일하길 원하는 면접관은 없을 것이기 때문이다. 면접에서 예의만 잘 지켜도 50퍼센트를 얻고 들어간다는 말을 기억하자

❷ 힘 있는 목소리로 대답하자

힘 있는 목소리는 자신감을 나타낸다는 것을 여러분들도 잘 알 것이

다. 죽도 한사발도 못 먹은 사람처럼 목소리에 힘이 없다면 좋아할 면접관은 별로 없을 것이다. 특히 대졸 신입사원 면접에서 패기는 중요한 요소이다. 젊은이로서 패기는 앞으로 어려움을 헤쳐 나갈 원동력이 될 수 있기 때문이다. 그리고 다소 질문에서 벗어나는 답변을 하더라도 좋게 볼 수 있다.

실제 면접에서 경력사원과 같은 말투로 소곤거리듯이 자기소개를 하거나 답변하는 사람에게 좋은 평가를 준 적이 없다. 그리고 그런 사람들에게 면접관이 느끼는 감정은 답답하다거나 자신감이 부족해서 지시하는 일을 잘 못할 것이라고 생각한다는 것이다. 이것은 침착하게 답변하는 것과는 다른 의미이며, 힘찬 목소리로 하는 것이 좋다는 말을 소리를 지르라는 것으로 잘못 이해하지 않았으면 좋겠다. 끝으로 자신의 목소리를 판단하는 방법은 옆에 앉아 있는 다른 사람보다 더 크고 힘 있게 하면 되는 것이다.

❸ 간결하고 명확하게 답변을 하자

면접관이 질문을 하고 답변을 들으면서 제일 싫어하는 사람은 누구일까? 바로 질문의 의도를 파악 못하고 동문서답 하는 사람, 잘 모르면서 장황하게 설명하는 사람, 올바른 답변이라고 보기 보다는 핑계처럼 이유를 둘러대는 사람들이다.

이런 유형의 사람들은 왜 싫어할까? 장황하게 둘러대는 사람은 업무지시를 해도 늘 핵심을 벗어날 가능성이 높고, 동문서답을 하는 경우는 상사의 업무지시를 제대로 이해하지 못하고 사고를 칠 것 같으며, 핑계를 대는 사람은 자신이 제대로 일을 하지 않고 다른 사람의 탓만 할 가능성이 있다고 생각하기 때문이다.

또한 면접에서는 불필요한 내용을 말하거나, 장황하게 답변하다가 추가적인 질문을 받고 곤란에 처할 수 있기 때문에 면접관의 질문에 자신의 생각이나 경험 중에서 핵심적이 중요한 내용만 간략하게 답변하면 된다. 만일 보충 설명을 요구하면 그 때 답변을 해도 늦지 않기 때문이다.

❹ 결론부터 말하고 설명하자

사람은 누구나 자신의 듣고 싶어 하는 것에 대해서 빨리 듣고 싶어 하는 속성을 가지고 있는 것 같다. 앞에서도 말한 것처럼 자신이 묻는 질문에 대해 장황하게 말하는 사람들을 좋아하지 않는다는 것과 일맥상통하는 내용이라고 할 수 있다.

만일, 면접관의 질문에 자신의 생각이나 의견을 먼저 말하지 않고, 이유나 과정들을 장황하게 나열하고 난 후에 결론을 맺으려고 한다면 답변을 다 듣기도 전에 중지시키거나, 미루어 판단할 수 있다. 그 이유는 면접은 제한된 시간 내에 이루어져야 하고, 특히 여러 명이 집단으로 면접을 하는 경우에는 특정 한 사람에게만 시간을 할애할 수 없기 때문이다. 다만 면접관이 구체적으로 과정을 설명하라고 한 경우는 별개의 문제이다.

따라서 우리는 면접관이 자신에게 하는 질문을 정확하게 파악한 후 결론을 먼저 말하고 이유를 부연설명하면 좋은 평가를 받을 수 있고, 또한 논리적인 사람이라는 인상을 줄 수 있다. 예를 들면 면접관의 질문에 "저는 이렇게 생각 합니다."라고 결론을 말하고, "그 이유는 다음과 같습니다.”라는 식으로 답변하는 것이다.

❺ 긍정적으로 답변을 하자

면접관의 질문에 항상 긍정적인 관점에서 판단하고 답변을 하는 것이 중요하다. 실제 사회 현상을 보면 긍정적으로 보여 지는 것도 있지만 부정적으로 보이는 것도 많기 때문이다. 또한 어떤 사안에 대해서는 개인적으로 볼 때 부정적인 관점을 가질 수 있다. 하지만 면접에서는 개인적인 생각이 그렇다고 하더라도 긍정적인 관점에서 답변하는 것이 무난하다.

만일 면접관의 질문에 부정적인 관점으로 답변을 한다면 좋은 평가를 받기 어려울 수 있다. 부정적인 시각을 가진 지원자는 입사 후에 자신의 업무를 수행함에 있어서도 부정적으로 생각하고 행동할 수 있다고 우려하기 때문이다. 예를 들면 “부자들에 대해 어떻게 생각하는가?”와 같은 질문에 대해 “대부분 탈세나 부정적인 방법으로 부를 축적했을 것이다.”라는 식으로 답변한다면 부정적인 답변이 될 수 있다.

따라서 면접에서는 “남을 속이거나 부정한 방법으로 명예나 돈을 번 사람도 있지만, 대부분의 사람들은 성실하게 노력하고 그 만큼 결실을 얻었다고 생각합니다.”와 같이 답변하는 것이 더 좋다.

❻ 경험은 원인이나 이유는 구체적으로 답변하자.

면접관이 여러분의 경험을 묻는다면, 자신이 실제 경험한 것을 사례로 구체적으로 답변하는 것이 좋다. 예를 들면 자신이 그런 경험을 하게 된 이유 또는 동기, 과정에서 자신의 역할과 결과, 그리고 경험을 통해서 배우고 느낀 점을 구체적으로 제시하는 것이 좋다. 만일 면접관이 납득할 수 없는 이유를 말하거나, 두루뭉술하게 설명한다면 좋은 평가를 받기는 어려울 것이다.

특히 면접관의 질문에 대해 면피해 보고자 자신이 경험하지 않은 일을 꾸며서 말하거나, 단순한 경험을 부풀려서 말하는 것은 매우 위험한 행동이다. 이런 경우는 구체적인 원인이나 이유를 말하기 어렵고, 거짓 경험을 말하고 있다면 면접관은 쉽게 눈치를 챌 수 있기 때문이다.

따라서 반드시 자신이 경험했던 사실을 구체적으로 말하는 것이 좋다. 예를 들면 자신의 경험을 6하 원칙에 의거하여 답변하는 방법이다. 그리고 이런 경험을 통해 자신이 배우고 느낀 점을 부연 설명하면 좋은 답변이 될 것이다.

❼ 질문이 이해가 안 되면 다시 묻자

면접관이 여러분에게 한 질문이 이해가 가지 않을 경우나 잘못 들었을 때에는 반드시 다시 질문하여 질문을 정확하게 파악해야 한다. 실제 면접에서 지나치게 긴장을 해서 질문을 잘못 알아듣고 답변을 하거나, 동문서답을 하여 우수한 인재로 평가받지 못하는 경우도 종종 있다.

예를 들면 "제가 잘못 들었는데 다시 질문해 주시겠습니까?" 또는 "질문하신 내용이 OOO 맞는지요? 라고 다시 물어 본 후에 자신의 생각이나 경험을 구체적으로 답변하는 것이 좋다.

❽ Eye-Contact을 하자

면접은 말 그대로 서로 얼굴을 마주보고 질문을 하고 답변을 하는 과정이다. 따라서 여러분이 면접관과 Eye-Contact을 하는 것은 매우 중요하다. 즉, 서로 교감을 나누면서 질의응답을 하는 것이 Eye-Contact을 잘하는 것이다.

만일 면접관의 시선을 회피하거나 다른 곳을 주시하는 경우, 자신감이 없거나, 주위가 산만한 지원자로 평가될 수 있다. 따라서 면접이 종료되고 면접장을 나올 때까지 면접관을 번갈아 가면서 Eye-Contact을 해야 한다.

실제 면접에서 자신이 답변을 할 때만 면접관을 응시하고, 다른 사람들이 답변을 할 때는 벽이나 바닥을 처다 보는 사람이 있는데 경청태도가 불량하거나 주위가 산만한 사람으로 보일 수 있다. 그리고 자신의 앞에 있는 면접관만을 응시하는 경우는 경직된 사람으로 평가될 수 있다는 점도 기억하자.

❾ 자신이 했던 경험과 역할만을 말하자

어떤 단체나 팀 과제를 하면서 경험했던 일을 마치 본인이 다 한 것처럼 말해도 면접관은 믿지 않는다. 자신이 실제 했던 경험과 그 과정에서 자신이 했던 역할을 구체적으로 제시하면서 배우고 느낀 점을 말하는 것이 좋은 평가를 받을 수 있다.

❿ 성의를 가지고 침착하게 답변하자

면접관의 질문이 답변하기 어려운 경우라도 진지하고 솔직하게 자신의 생각을 말 하는 것이 좋으며, 급하게 답변하기 보다는 침착하게 자신의 생각을 말 하는 것이 좋은 평가를 받을 수 있다.

실전 같은 모의면접을 하자

취업을 하기 위해서는 면접에서 좋은 평가를 받아야 한다는 것은 여러분들도 다 잘 아는 말이다. 하지만 모든 면접이 그렇지만 취업 면접은 더 긴장되고, 질문에 자신 있게 대답하기란 정말 어렵다. 필자도 대학을 졸업하고 취업을 위해 면접을 볼 때도 너무 긴장을 많이 했던 탓인지 어떤 질문을 받았었는지 기억이 나지 않았다. 그 때는 운이 좋아서 그랬는지 합격을 했고 20여 년을 인사부서에서 근무할 수 있었다. 최근에 있어서 취업은 전쟁터를 방불케 한다. 일자리보다 취업을 하려고 하는 지원자가 넘쳐나고 있다. 또한 기업은 다양한 면접 방식을 도입하고 있어서 면접에서 좋은 평가를 받아 합격하는 것이 쉽지만은 않다. 따라서 다양한 면접 방식의 특성을 이해하고 사전에 준비하고 연습해야 실전면접에서 좋은 평가를 받을 가능성이 높다.

면접은 과거나 지금이나 긴장되기 마련이고 자신의 능력을 100퍼센트 발휘하는 것이 쉽지 않다. 지나치게 긴장을 해서 자신이 가지고 있는 능력과 경험 등을 면접관에게 제대로 전달하지 못하는 경우도 많이 볼 수 있다. 인사책임자로 있으면서 면접할 때의 일이다. 면접이 시작되고 지원자들이 들어와 자리에 앉았다. 그 중에는 키가 크고 다소 말라 보이는 지원자가 있었다. 앉아 있는 모습에서 긴장을 많이 하고 있다고 생각을 했다. 또 한편으로는 겸손해 보이기도 하였지만 자신감이 떨어져 보이기도 했다.

그 지원자는 떨리는 목소리로 자기소개를 시작했다. 잠시 후에 자신이 발표하려고 외웠던 내용을 잊어버렸는지 죄송하다고 하면서 다시 해보겠다고 한다. 그래서 다시 기회를 주었다. 목소리는 더 작아졌고 면접관을 제대로 쳐다보지도 못한 채 간략하게 출신학교와 이름, 그리고 열심히 하겠다는 말로 자기소개를 마쳤다. 그래도 그 지원자는 개인별 질문에서 미진했던 자기소개를 만회할 수 있는 기회는 있었다. 하지만 자신이 실수했다고 생각해서 그런지 처음보다 더 많이 긴장을 하는 것 같았고, 자신감은 떨어져 면접관의 질문을 잘 이해하지 못하고 동문서답을 하는 것이었다. 그리고는 바닥을 보면서 자신 없는 표정만 짓고 있었다.

사실 이 지원자의 경우 입사지원서의 내용만으로 볼 때는 다른 지원자보다 떨어지는 수준은 아니었다. 하지만 지나치게 긴장을 하고 자신감이 없어서 적극적으로 면접관에게 어필(appeal)을 하지 못한 것이 불합격의 원인이었다. 앞서 말한 것처럼 취업 면접은 그 자체만으로도 긴장이 된다. 하지만 이런 분위기에서 두려움과 긴장감을 떨치고 자신의 역량을 보여줘야만 하는 것이 면접인 것이다.

따라서 두려움과 긴장감을 극복할 수 있는 방법을 생각해 봐야 한다. 그 정답은 바로 모의면접을 통해 두려움을 극복하고, 반복 연습을 통해 자신감을 갖는 것이다. 예를 들면 자기소개를 할 내용을 정리한 후 자연스럽게 발표를 할 수 있는 수준이 될 때까지 크게 소리를 내어 읽고 또 읽고 반복하는 것이다. 그리고 취업 전문기관 또는 취업동아리,

취업 캠프에서 실시하는 모의면접에 참여하여 면접을 경험해 봄으로써 실제 면접에서 자신감을 가지고, 자신이 가지고 있는 역량을 펼칠 수 있다.

실전 면접에서 좋은 평가를 받기 위해서는 모의면접 연습을 반복함으로써 긴장감을 줄이고 자신감을 높일 수 있다.

자기소개 잘 하는 법

평소 처음 만난 사람에게 자신을 잘 소개하기란 쉽지 않다. 하지만 자신을 효과적으로 잘 표현할 수 있다면 상대방으로부터 관심과 호감을 얻을 수 있을 것이다. 취업 면접에 있어서도 지원자가 자신을 효과적으로 소개할 수 있다면 면접관에게 좋은 첫인상을 심어줄 수 있을 것이다. 다만 취업이라는 분명한 목적을 가지고 자신을 소개하여야 하기 때문에 일반적인 자기소개를 해서는 도움이 되지 않을 수 있다.

면접의 시작은 자기소개로부터 시작한다. 국내 대부분의 기업 면접이 지원자가 먼저 자기소개를 하고, 그 다음에 면접관이 개별질문을 하는 순서로 진행된다. 외국계 기업에 있어서도 크게 다름이 없다. 자기소개는 자신이 어떤 사람인지를 면접관에게 첫 선을 보이는 가장 중요한 통과의례이며, 면접관은 지원자의 자기소개를 들으면서 지원자에 대해 파악하고, 어떤 질문을 할 것인지 생각하게 된다.

실제 채용 면접에서 한 지원자가 이렇게 자신을 소개한 적이 있다. "안녕하십니까? 아시아의 별 OOO있다면, 대구의 별 김반짝이 있습니다."라고 자기소개를 시작했다. 시작도 잠시 "죄송합니다. 다시 해도 되겠습니까?"라고 한다. 아마도 자신을 소개할 내용을 잊어버린 모양이다. 천천히 자신을 소개해 보라고 기회를 주었다.

그 지원자는 처음에 했던 자기소개처럼 다시 "안녕하십니까? 아시아의 별 OOO이 있다면 대구의 별 김반짝이 있습니다. 저는 대학에서 영어영문학을 전공하면서 ……." 자신이 암기했던 내용이 생각나지 않는 모양이다. 긴장하지 말고 천천히 해 보라고 또다시 기회를 주었다. 그 지원자는 "안녕하십니까? 아시아의 별 ……." 그 순간 옆에 있던 동료 면접관은 더 이상 참지 못하고 "나중에 다시 기회를 드릴 테니 그때 하시죠."라고 했다. 결국 그 지원자는 같은 말만 반복하다가 결국 자신의 소개를 제대로 하지 못하고 순서가 지나가고 말았다.

이 지원자의 경우 3가지 문제가 있어 보인다.

첫째는 자신에 대한 소개 내용을 암기하긴 했지만 완벽하게 외우지 못하고 있다. 두 번째 다른 사람과 비유해서 자신을 소개하려고 하는데 전혀 면접관에게 의미 없는 사람을 비유하고 있다. 끝으로 면접관이 다시 기회를 주었을 때 자신을 나타낼 수 있는 내용을 말하기보다는 똑같은 시작 멘트를 반복하고 있었던 점이다. 이런 장면은 면접에서 자주 목격할 수 있다. 따라서 면접에서 이런 실수는 절대 해서는 안 된다.

이 지원자는 다른 지원자가 자신 있게 자기소개를 하는 동안 힘없는 표정으로 바닥만 보고 있었다. 자기소개를 잘 못했다고 생각하는 그 지원자는 자신감을 잃은 것 같았고, 이어진 개별 질문에서도 질문을 잘 이해하지 못하고, 피상적인 답변으로 일관 하다가 좋은 평가를 받지 못하고 탈락했다. 이와 같이 면접에서의 자기소개는 옷의 첫 단추를 꿰는 것과 같다고 할 수 있는데, 면접의 첫 단추를 잘 못 꿰면 면접 전체를 망칠수도 있다는 것을 명심하자.

임팩트(Impact) 있는 자기소개

최근에는 면접관에게 자신에 대한 인상을 심어주기 위해서 임팩트 있는 자기소개에 대해 궁금해 하는 사람이 많다. 그리고 실제 면접에서도 자신은 임팩트 있는 자기소개를 한다고 생각하는 사람도 있다. 틀린 말은 아니다. 자신을 다른 사람보다 더 인상적으로 보이기 위해 노력한다는 것은 분명 좋은 것이다. 하지만 잘 생각해 봐야 한다. 자신이 발표하는 내용이 긍정적이고, 호감을 줄 수 있다면 평가에 좋은 영향을 줄 수 있지만 부정적으로 보이거나 맹목적으로 외우는 것 같이 보인다면 오히려 손해를 볼 수 있다는 것이다. 다음의 경우가 그렇다

한 지원자가 면접에서 자신을 '또라이'라고 소개한 적이 있다. 자신이 호기심도 많고 관심 분야가 다양해서 남들이 별로라고 생각하는 것도 경험을 쌓기 위해서 많이 경험했다고 한다. 자신을 '또라이' 라고 자기

소개를 시작한 것도 면접관에게 임팩트 있는 자기소개를 하려고 한 것 같다.

자기소개를 들으면서 "참 희한한 사람이네, 자신을 또라이라고 소개하다니." 이런 인상은 개별 질문을 하면서도 그 지원자에게서 엉뚱하다는 인상을 받았다. 질문에 대한 답변을 장황하게 하고, 묻지도 않은 질문에 대해 자신의 경험담을 말하기도 했다. 면접이 끝나고 면접관 모두 "이 친구 4차원 아니야?"라는 반응을 보였다. 아마 여러분 중에는 이런 자기소개를 할 사람은 없을 것이다.

무작정 토씨까지 암기한 것 같은 느낌으로 자기소개를 하는 지원자, 임팩트 있는 자기소개를 한다고 하면서 지나치게 오버하고 있는 지원

자기소개 Story-Line

시작인사	안녕하십니까?
인적사항	저는 OO대학교, OO과 O학년에 재학중인 OOO입니다.
희망직무/적합성	입사해서 하고 싶은 직무는 OOO입니다. 제가 이 직무를 희망하는 이유는 대학시절 (전공지식, 경험, 어학능력,자격증 보유) 능력을 쌓았기 때문 입니다.
성격의 장점	성격은 OOO 성격으로 제가 지원한 OO 직무에 적합한 성격이라고 생각 합니다.
취미/특기	취미는 등산이고,특기는 노래입니다. 특히 트롯을 잘 부릅니다.
교내외 활동	대학시절 2년간 봉사 동아리에서 활동하였으면 희생과 배려심을 배울 수 있었습니다.
장래포부	끝으로 저의 목표는 제가 지원한 OO분야에서 OOO한 전문가가 되는 것입니다.
마무리 인사	감사합니다.

자, 준비가 덜 되어서 자기소개를 제대로 하지 못하고 "죄송합니다. 다시 하겠습니다."를 반복하는 지원자들은 면접관에게 결코 좋은 첫인상을 줄 수 없다. 자기소개를 잘 하기 위해서는 먼저 자기소개를 어떤 내용으로 구성할 것인지 Story-Line을 만들고, 1분 이내에 발표할 수 있는 양으로 자기소개 글을 완성하는 것이 중요하다. 만일 내용이 지나치게 길거나 장황하면 면접에서 소화하기 어렵고 면접관에게 어필하기 어렵다. 준비가 잘 되었다면 자연스럽게, 자신감 있게 발표할 수 있도록 반복 연습을 한다. 처음에는 보고 읽으면서 반복을 하다가 점진적으로 내용을 숙지하고 이해하면서 자기소개 연습을 하면 된다.

1분 자기소개(예)

안녕하십니까?

저는 한국 대학교 전자공학과 4학년에 재학 중인 김희망이라고 합니다. 금번 ○○○ 연구개발(영업/마케팅) 분야에 지원하였고, ○○○ 회로설계(영업분야) 분야에서 제 능력을 발휘해 보고 싶습니다.

제가 이 직무를 희망하는 이유는, 대학시절 디지털 회로이론 등 전공분야 과목을 성실히 수강하였고, 특히 회로설계 과목과 실습에서 좋은 성적을 받았습니다. 그리고 전문가로 성장하고자 기사자격증도 취득 하였습니다. 그리고 중견기업에서 인턴십을 한 경험도 가지고 있습니다.

제 성격은 매우 침착하고,신중하며 분석적이어서 연구개발 분야에 적합한 성격을 가지고 있다고 생각합니다.

저의 특기는 축구이며 교내 축구 동아리에서 공격수로 활동하면서 팀워크와 건강한 체력을 기를 수 있었습니다. 취미로 학교 풍물 동아리에서 활동하고 있으며 전통악기에 대한 애정을 갖는 계기가 되었습니다.

끝으로 저의 포부는, 제가 지원한 회로설계 분야에서 최고의 전문가가 되는 것이며, 이런 목표 달성을 위해 자기개발 노력을 게을리 하지 않겠습니다.

감사합니다.

취업의 애정남

▶ 군필자가 더 유리한가요?

모집 공고에는 군필 또는 면제자 지원 가능이라고 기재되어 있다. 하지만 국가 기관이나 단체에 취업을 하는 경우는 군필자에 대한 가산점이 있는 경우도 있는 것을 보면 군 필이 상대적으로 유리하다고 할 수 있다.

사기업의 경우도 표면적으로 지원 자격에는 있어서는 차별을 두고 있지 않지만 면접에서 반드시 면제 사유를 질문하고, 면제 사유에 따라 면접 결과에 영향을 미칠 수 있기 때문에 이 경우도 군필자가 유리하다고 봐야 한다. 특히 방위 산업체의 경우는 서류 전형을 할 때부터 현역으로 군대를 마친 사람을 중심으로 서류 전형을 하는 것도 공공연한 사실이다.

▶ 면접에서 질문을 더 많이 받는 것이 좋은가요? 아니면 적게 받는 것이 좋은가요?

이 질문은 면접에서 자신이 다른 지원자보다 질문을 더 많이 받지 못

했다고 생각하는 사람들이 주로 하는 질문이다. 취업 포탈 면접 후기를 보면 어떤 사람은 질문을 많이 받고 합격을 했다고 올린 글을 볼 수도 있고, 반대로 질문은 많이 받았는데 탈락했다고 하는 사람도 있다. 물론 그 반대의 경우도 찾아볼 수 있다.

이 질문에 대해 명쾌하게 말할 수 있다. 면접관으로 부터 질문을 많이 받았는지? 아닌지가 중요한 것이 아니고, "어떤 질문을 받았고 어떻게 답변을 했는지가 합격, 불합격의 관건이 된다는 것이다." 인사팀장 시절에 어떤 지원자에게는 질문을 많이 했던 적이 있고, 그렇지 않은 경우도 있었다. 일반적으로 질문을 많이 하는 경우는 지원자에 대해 좀 더 알아보고자 하는 측면에서 많이 하게 되는데, 하나는 우수해 보이는 지원자에게 관심이 있어 좀 더 구체적으로 지식이나 경험 보유 여부를 확인해 보고자 하는 것이고, 다음은 지원자의 답변이 다소 의심이 가는 부분이 있어 확인하기 위해 묻는 경우가 있다.

경우에 따라서는 다른 지원자들과 보조를 맞추기 위해 형식적인 질문을 하기도 한다. 이런 경우는 면접관이 질문을 했을 때 기대하는 답변과 거리가 먼 답변을 하거나, 아니면 질문을 잘못 이해하고 동문서답을 해서 면접관은 그 지원자가 우수한 사람이 아니라고 미리 판단하는 경우이다. 반대로 질문을 몇 가지 받지는 않았지만 합격한 사람의 경우는 기본적으로 지원자가 신입사원으로서 갖추어야 할 지식과 경험, 외국어 능력을 가지고 있고, 면접관의 질문에 기대하는 답변을 정확하게 하는 경우로 더 이상 질문을 하지 않아도 우수한 인재로 확신이 서는 경우이다.

이 질문은 졸업을 앞두고 취업이 안 되어 졸업을 유예하거나, 마지막 학기에 휴학을 고려하고 있는 학생들이 주로 궁금해 하는 질문이다.

취업을 준비하는 학생들 사이에는 재학생 신분으로 입사지원하면 서류전형에서 더 유리할 것이라고 믿고 있는 경우가 많기 때문에 이런 질문을 하는 것 같다. 하지만 휴학을 해서 졸업을 연기하거나, 또는 졸업을 유예하고 입사지원한다고 해서 무조건 기 졸업자보다 유리하다고 할 수는 없다. 앞서 말한 것처럼 이런 생각을 가지고 있는 사람들 대부분은 여러 회사에 입사지원을 했다가 합격을 하지 못한 경우가 대부분이기 때문이다. 다시 말하면 기업에서 요구하는 수준의 실력을 갖추지 못했거나, 자신의 능력보다 규모가 큰 기업에 지원했거나, 지원자의 능력과 직무 분야가 서로 맞지 않는 경우가 대부분일 것이기 때문이다.

실제 취업에 있어서 재학생이라는 이유만으로 서류전형을 통과시키거나 면접에서 높은 평가를 하지 않는다. 지원자가 어떤 능력을 갖추고 있는지, 지원 직무와 적합성이 있는지에 더 많은 관심이 있기 때문이다. 즉 취업에 성공하기 위해서는 재학생이라는 사실보다 기업이 원하는 실력을 갖추는 것이 더 중요하다.

예외적으로 졸업을 한 학기 미루고, 성적을 올리는 것이 좋다고 생각하는 경우는 졸업을 앞두고 있는 학생의 평점이 지나치게 낮은 경우이다. 낮은 평점을 가지고 졸업을 한 후에는 기업에 취업하는 데 많은 걸림돌이 될 것이 분명하기 때문이다.

▶ 휴학 기간 중 아무 것도 한 것이 없는데 물으면 어떻게 대답하는 것이 좋은가요?

이 질문은 대학 재학시절에 휴학을 많이 했던 학생들이 주로 하는 질문이다. 일반적으로 휴학을 한 학생들은 아르바이트를 하거나, 어학능력을 높이기 위해 학원 수강을 한다. 하지만 휴학을 하고 뚜렷하게 내세울 만한 일을 하지 않은 사람들에게는 걱정이 되는 질문이다.

면접관은 재학시절 공백 기간에 대해서는 반드시 질문을 한다고 보아야 한다. 이유 없는 휴학은 지원자가 학업에 흥미가 없었다고 판단할 수 있기 때문이다. 따라서 이런 질문은 면접관이 납득할 수 있는 답변을 하는 것이 중요하다. 잘못 거짓말을 하다가는 면접을 완전히 망칠 수 있기 때문이다.

만일 지원자가 면접관에게 질문을 받으면 다음과 같이 답변하는 것이 제일 무난할 것이다. 앞서 말한 것처럼 휴학을 하고 자격증을 취득했거나, 어학연수를 갔다 와서 외국어 능력이 향상 되었다면 문제가 없지만 아르바이트를 한 경우는 답변하기가 궁색할 것이다. 그럴 때는 이렇게 답변하는 것이 좋다.

"저는 대학 재학시절 두 가지 목적으로 휴학을 선택했습니다. 첫 번째는 사회경험을 하기 위해서 입니다. 제가 공부하고 있는 것들이 사회에 어떻게 적용되는지를 느끼고 싶었기 때문이며, 둘째는 제 스스로 학비를 마련하기 위해서 하였습니다. 늘 부모님의 도움으로 공부를 했는데 제가 스스로 학비를 벌어 보면서 돈의 소중함을 배워보고자 했습니다. 저는 이런 경험을 통해 입사하게 된다면 사원으로서 주어진 일을 성실히 할 수 있을 것이라고 생각합니다."

위와 같이 답변을 한다면 무난하게 이 질문에 대해 넘어갈 수 있을 것이다. 기업의 인사 담당자나 컨설턴트들은 면접에서 거짓말을 하면 안 된다고 하지만 선의의 거짓말은 해야 할 때도 있는 것이며, 위와 같은 내용은 당연히 있을 수 있는 것이기 때문에 거짓말도 아닌 것이다.

어떤 지원자는 휴학을 하고 무엇을 했는지를 질문했더니 " 저는 공무원 시험 준비를 1년간 했습니다." 라고 답변하는 것이었다. 다시 물었다. "결과는 어떻게 됐습니까?" "불합격 됐습니다."라고 대답을 했다. 다시 질문을 이어갔다. "그럼, 공무원 시험 도전은 그만 두신 건가요?", "예, 해보니까, 저하고 맞지 않는 것 같아서요." 이 대답은 거짓이다. 합격이 됐으면 이 자리에 있지도 않았을 것이기 때문이다.

위와 같은 답변 방법은 면접관에게 진실성을 보여주기보다는 핑계처럼 들린다. 차라리 공무원 면접에 도전해서 안됐고, 그 경험을 바탕으로 열심히 노력해서 기업에서 일해 보고자 이 자리에 오게 되었다고 당당하게 말하는 것이 오히려 면접관에게 호의적인 평가를 받을 수 있다.

▶ 나이가 많으면 취업이 어려운가요?

이 질문은 뒤늦게 학업을 시작했거나 휴학을 장기간 했던 학생들이 졸업을 앞두고 취업을 준비하면서 궁금해 하는 질문이다. 나이가 동기생들보다 많기 때문에 취업을 하는데 불리할 것이라고 생각하는 것은 당연할 수 있다. 인사팀 대리 시절 서류 전형을 할 때 재수를 했거나, 휴학을 많이 한 경우 우수한 인재가 아니라는 생각이 지배적이었고, 동기생들보다 나이가 많다는 것은 회사의 서열에 문제가 될 것이라고 판단하고 좋은 평가를 주지 않았다. 지금도 동기생들보다 나이가 많다는 것은 서류전형을 하거나 면접전형을 할 때 불리할 수도 있다.

하지만 과거와는 다르게 나이만 가지고 우수한 인재 여부를 판단하지 않는 다는 것이 달라진 점이라고 할 수 있다. 지금의 현실은 많은 학생들이 재수를 하고 있고, 대학에 진학해서는 어학연수를 가거나 다양한 활동에 참여해야 하고, 아르바이트도 하고 해야 할 일이 많기 때문이다. 실제 대학을 졸업하고 취업을 한 사원들의 평균 연령은 과거 보다 2년 정도 더 늦어진 것이 사실이고 기업 채용에서 별 문제가 되지 않는다. 주로 나이에 대해 걱정하는 지원자들은 입사지원을 했는데 서류전형에서 수차례 탈락한 경험이 있는 경우에 자신이 나이 때문에 계속 서류심사에서 탈락하고 있다고 생각한다. 그럴 수도 있다. 하지만 나이는 서류전형을 하는 여러 가지 요소 중에 한 가지 요소일 뿐이다. 지원자가 탁월한 능력을 보유하고 있다면 나이는 문제가 될 것이 없기 때문이다. 나이가 취업에 문제가 되는 경우는 서열을 명확하게 따지는 산업이나 업종, 직무에서 볼 수 있는데, 이 경우도 최근에는 나이 보다는 지원자의 역량이 더 우선시 된다는 것을 알았으면 한다. 여기서 한 가지 사례를 말해 보고자 한다.

2011년 가을 지방의 모 대학 취업캠프에서 한 학생을 만났는데 4년

제 대학을 4학년 1학기까지 다니다가 자퇴를 하고 전문대학에 다시 입학해서 이제 취업 준비를 하는 학생이었다. 군대도 다녀오고 휴학도 한번 하고 나이는 만 29세였다. 하지만 그 학생의 목표는 명확했고 학교 성적이나 경험들도 자신이 하고자 하는 직무와 밀접해 보였다. 그 학생은 비록 나이가 많았지만 합격을 했고 현재 울산에 있는 모 정유회사에 엔지니어로 재직하고 있다. 취업에 있어서 동기생들보다 나이가 많다는 것만으로 취업에 유리하거나 불리하다기에 앞서 자신의 목표와 이에 맞는 역량을 갖추고 있다면 나이는 별 문제가 안 될 수 있다.

▶ 여자는 엔지니어링 분야에 지원하면 불리한가요?

　이공계열 여학생들이 취업을 준비하면서 궁금해 하는 질문 중 하나이다. 4학년이 되기 전까지는 동료 남학생들과 똑같이 공부만 하면 되는 것으로 생각하고 있다가 서류전형이나 면접에서 탈락을 하고 나면, 상대적으로 여학생들이 엔지니어링 분야에 취업하는데 불리한 것이 아닌가 궁금해 한다.

　2년 전 서울 소재 대학에서 취업동아리 학생들을 가르쳐 본적이 있다. 중공업 분야에 지원하는 학생들이었다. 그 중에는 여학생이 3~4명 있었다. 전공은 모두 화학공학이었고 플랜트 설계 분야를 희망하고 있었다. 하반기 공채 시즌이 되어 입사지원을 하기 시작 했다. 동아리의 대부분 학생들은 성적도 양호한 편이었으며 외국어 실력도 좋은 편이었다. 입사지원이 끝나고 서류전형이 발표되었다. 남학생들 대부분은 서류전형을 통과하였고 여학생들 중에는 2명이 합격을 하였다. 한 1주일 쯤 지나서 면접을 보러 가기 시작했다. 결론적으로 남학생의 70퍼센트는 합격을 했고 여학생은 최종 면접에서 모두 탈락 했다. 탈락한 여학생은 같이 면접을 본 남학생과 평점이나 어학에서 뒤지는 것이 없는데 면접에서 탈락한 것이 이해가 가지 않는다는 것이다.

이 결과만을 보면 여자가 불리한 것은 맞다. 현장에서 주로 활동을 많이 해야 하기 때문에 체력도 요구 되고, 현장의 근로자들을 통솔해야 하는 일도 해야 하기 때문에 같은 조건이라면 남자가 더 유리할 수도 있다. 하지만 모든 산업이 다 같다고 단정 지을 수는 없다. 산업마다 같은 엔지니어링이라고 해도 업무의 내용과 범위가 다를 수 있다. 이런 점만 고려하고 회사와 직무를 잘 선택한다면 남학생들과 대등하게 경쟁할 수도 있다.

▶ 지원 분야와 전공이 꼭 같아야 하나요?

지원 직무 분야와 전공의 관련성에 대한 질문으로 많은 학생들이 궁금해 하는 내용이다. 결론적으로 말하면 이공계열 전공자들은 전공분야와 직무와의 관련성이 매우 높은 편이다. 다음으로는 경영계열전공자들이 직무와의 관련성이 높다. 하지만 인문사회계열, 어문계열의 경우는 직접적으로 전공과 직무의 상관관계가 그리 높지 않다. 다만 직무에서 요구하는 경험이나 스킬들을 보유하고 있는지, 직무와 성격이 부합하는지가 합격의 관건이라고 할 수 있다. 기업의 모집공고를 보면 연구개발이나 생산관련 부문에 적합한 사람으로 전기 전자, 기계, 화공, 컴퓨터, 화학 등 구체적으로 관련 전공 분야를 명기하고 있는 것을 볼

수 있다. 반면에 영업은 전공 무관인 경우가 대부분이고, 나머지 경영
지원 분야는 경영계열 또는 어문 계열, 인문사회 계열 전공자로 공고가
되는 것을 볼 수 있다.

　따라서 이공계열 전공자들은 기업이 채용 공고를 할 때부터 필요로
하는 전공자를 명확하게 하고 있는 것을 볼 수 있다. 만일 모집 공고에
나타나 있지 않은 비전공자가 지원을 한다면 서류전형에서 탈락할 확률
은 높다고 볼 수 있다. 즉 직무와 전공 분야의 관련성이 매우 높다는 것
을 알 수 있다. 반면에 경영계열, 인문사회계열, 어문계열의 경우는 기
업이 필요에 따라서 전공 분야를 명기하고 그렇지 않은 경우는 주로 계
열로 나타내는 경우를 볼 수 있다. 이 경우는 특별한 자격증 보유자나
특별한 언어를 전공한 사람을 우대하는 식으로 공고가 난다. 따라서 어
찌 보면 지원할 수 있는 폭은 이공계열 전공자보다 넓다고 할 수 있다.

　전공과 지원한 직무가 불일치해서 서류 전형에 탈락한 사례는 많이
볼 수 있다. 한 학생이 자기소개서를 첨삭해 달라고 찾아왔다. 자기소
개서를 잘못 써서 항상 탈락하고 있다고 생각하는 것이었다. 첨삭에 앞
서 그 학생에게 물었다. 지원하는 직무 분야와 전공 분야의 관련성이
매우 낮은데 왜 그 일을 하려고 하시나요? 그 학생이 대답하길 친구들,
선배들이 그러는데 전망이 좋고, 자신도 관심이 있어서 지원해 보려고
한다는 것이었다. 그 학생은 전자공학을 전공 하면서 인사/교육 업무
를 해보겠다고 지원했던 학생이었다. 전자공학을 전공한 학생도 인사/
교육 업무를 할 수 없지는 않지만 서류 전형을 하는 인사 담당자는 그

학생을 만나 보기도 전에 관련성이 없다고 서류전형 합격 대상에서 제외할 확률이 높다는 것이다. 또한 모집공고를 보면 지원가능 대상자를 법학, 교육학, 교육공학 전공자로 정하고 있었다. 그 학생은 이전에도 여러 번 마케팅 분야, 기획 분야 등에 지원해서 탈락한 경험을 가지고 있었다.

또 다른 사례도 많다. 작년 하반기 어느 날 컴퓨터공학을 전공한 학생이 사무실에 찾아 왔다. 그 학생은 회사 홈 페이지를 보고 취업 컨설팅을 받아 보고자 한다는 것이었다. 그동안 많은 회사에 입사지원을 했는데 한 번도 서류 전형을 통과한 적이 없어 도움을 받아서 취업을 해 보고자 찾아 왔다는 것이다. 혹시 입사지원서를 가져 왔는지 물었더니 그냥 왔다고 한다. 입사지원서 쓰는 것도 잘 모르겠고 성적도 낮고, 아마도 창피해서 그랬던 것 같다.어떤 일에 관심이 있는지, 자신의 전공에 대해서 어떻게 생각하는지를 물었다. 이 구직자가 어떤 생각을 가지고 있는지를 아는 것이 매우 중요했기 때문이다. 처음엔 머뭇거리더니 대학시절 아르바이트로 작은 회사 마케팅 부서에서 홍보 업무를 했는데 재미가 있었고 그 일이 적성에 맞는다는 것이었다. 또 한 가지 이유는 학업 성적도 낮고 지금 전공하고 있는 과목도 흥미가 없다는 것이다. 그리고 4학년 때 주로 지원한 분야도 홍보, 광고 분야라고 한다.

이 구직자의 가장 큰 문제는 바로 전공 분야와 직무 분야의 관련성이 적기 때문에 아마도 서류전형을 통과하기 어려웠을 것이다. 기업에서 또는 단체에서 하고 있는 각각의 직무들은 기능적인 측면에서 고유의 지식과 경험들을 기반으로 하고 있기 때문에 직무와 관련성이 있는 전공과 경험 또는 자격증을 보유한 사람을 선호하는 것은 당연하다.

▶ 전공 무관이라고 공고에 나와 있는데 정말인가요?

이 질문은 인문 사회계열 학생들이 주로 궁금해하는 질문이다. 모집공고에서 전공 무관(전 전공)이라고 기재되어 있는 경우는 대부분 "영업사원 모집의 경우다." 보험영업, 금융권, 제조업 영업의 경우에서 많이 볼 수 있다. 영업 분야의 경우는 성적, 전공보다 지원자의 적성이 맞는지가 더 중요하기 때문이다. 제품이나 서비스를 고객에게 파는 것은 무엇보다도 적성이 더 중요하다고 여기기 때문이다. 다만 첨단제품의 판매나 기본 지식이 필요한 서비스 상품의 판매는 조금 다를 수 있다. 하지만 이 경우도 지원자의 직무 적성은 매우 중요하다고 볼 수 있다. 기업의 입장에서는 더 많은 지원자 중에서 영업 부문에 맞는 인재를 찾고자 대상을 광범위 하게 가져갈 필요성도 있기 때문이다.

최근에는 채용해야 하는 사람보다 취업을 하고자 하는 사람이 더 많다. 그리고 기업은 지원자 모두를 면접을 볼 수는 없다. 지원은 다 할 수 있게 하지만 결국 기업은 채용하고자 하는 인원을 고려한 일정 수의 지원자만을 면접을 볼 수밖에 없다. 즉 서류전형을 해서 면접 대상자를 정해야만 한다. 지원자들이 알아야 할 것은 서류 전형은 말 그대로 서류를 보고 판단하는 것이기 때문에 개인의 직무적성을 파악 할 수는 없다. 일부 대형 은행권들은 직무적성평가 필기시험을 먼저 보고 그 결과에 따라 면접 대상자를 정하는 방법을 활용하고 있다. 그런데, 이 경우도 직무적성과 지원자의 지적능력을 같이 평가하기 때문에 자신의 적성이 영업분야에 맞다고 해서 통과할 수는 없는 것이다.

결론적으로 말하면 기업 채용 시 특정 요소만을 가지고 채용하는 경우가 아니라면, 사전 시험 성적을 반영한다거나 입사지원서의 전공 분야, 평점, 외국어 능력, 기타 스킬들을 종합적으로 반영하여 서류 전형을 한다고 생각해야 한다. 따라서 취업에 성공하기 위해서는 자신의 지식적인 측면, 성격적인 측면, 경험적인 측면 등 자신의 강점을 바탕으로 경쟁자보다 잘 할 수 있는 기업이나 직무 분야에 입사지원하는 것이 중요하다.

▶ 아르바이트 경험은 도움이 되나요?

취업을 하기 위해서 아르바이트 경험이 얼마나 도움이 되는지를 묻는 질문이다. 대학시절 아르바이트 경험은 예비 사회인으로서 중요한 경험이다. 그리고 아르바이트 경험을 한 사람은 전혀 안 해본 사람보다는 상대적으로 면접에서 도움이 될 수 있다. 그런데 정말 중요한 것은 아르바이트 경험이 있다는 것 자체가 아니고 어떤 아르바이트를 했는지가 더 중요하고, 그 아르바이트를 왜 하게 되었는지, 그리고 무엇을 배우고 느꼈는지가 더 중요하다.

많은 지원자들 중에서 아르바이트 경험이 많은 경우, 면접장에서 자기소개를 하면서 자신이 했던 아르바이트를 나열하거나, 이를 통해서 대인 관계의 폭을 넓혔다는 등 이것이 자신의 강점이라고 발표하는 경우를 종종 볼 수 있다. 인사팀에 재직할 때도 면접에서 이런 지원자들을 볼 수 있었다. 만일 위와 같은 방법으로 자신의 아르바이트 경험을 강조하면서 자기소개를 한다면 면접관은 그 지원자를 어떻게 평가할지 생각해 보자. 면접관은 지원자가 발표하는 아르바이트 경험이 회사 직무를 수행하는데 어떤 도움이 될 수 있을까를 먼저 생각할 것이다.

어떤 지원자는 대학시절 안 해본 아르바이트가 없을 정도로 많이 했다고 자랑하듯이 발표하는 경우도 봤다. 이런 경우는 대부분 학업 성적이 좋지 않은 경우가 많았다. 까칠한 면접관은 이렇게 곧바로 질문하곤 했다. "지원자께서는 아르바이트를 하다 보니 학업은 소홀 했군요.", "계속 아르바이트를 하시는 것이 좋지 않을까요?", "우리 회사의 일은 아르바이트생이 할 수 있는 일이 아니고 기본적인 지식을 가지고 있어야 하는데 어떻게 생각합니까?" 지원자는 답변을 못하고 한동안 멍하니 있는 것을 볼 수 있었다.

▶ 동아리 활동을 안 했는데 물어보면 어떻게 해야 할까요?

대학시절 동아리 활동을 했는지를 면접관이 묻는 경우가 있다. 이 질문은 대학시절 학업 이외에 어떻게 생활했는지를 알아보기 위한 질문이다. 동아리 활동은 반드시 해야 하는 것은 아니다. 따라서 동아리 활동을 하지 않은 경우는 "동아리 활동을 하지 않았습니다."라고 답변하는 것이 옳다. 만일 하지 않았는데 했다고 한다면 면접관은 "어떤 동아리인지? 그리고 그런 활동을 통해 배우고 느낀 점이 무엇인지 재차 물을 것이기 때문이다.

이 질문의 핵심은 동아리 활동 자체에 있는 것이 아니고 대학시절 단체 경험을 알아보기 위함이고 단체 경험에서 지원자가 느낀 점, 혹은 배운 점이 무엇인지를 우회적으로 확인하기 위해 하는 질문이다. 따라서 답변은 "동아리 활동은 하지 않았지만 봉사 단체, 또는 스터디 그룹에서 활동했다는 식으로 답변하는 것이 무난하다.

▶ 자격증이 있으면 취업에 도움이 되나요?

자격증이 있으면 취업에 도움이 되는지 많은 사람들이 궁금해 한다. 그리고 취업 스펙의 일환으로 많은 구직자들이 자격증을 취득하려고 학원에 다니기도 한다. 결론적으로 말하면 자격증이 있는 경우는 자격증이 없는 사람보다는 좀더 좋은 인상을 받을 수 있다. 하지만 더 중요한 것은 지원자가 가지고 있는 자격증이 직무와 관련성이 있어야 한다. 지원한 직무 분야와 관련 없는 자격증은 없는 것과 별 차이가 없다. 반면에 직무를 수행함에 있어서 반드시 법으로 정한 자격증을 보유한 사람을 채용해야 하는 경우는 반드시 법정 자격증을 보유하고 있어야 하며, 이런 경우는 자격증이 취업에 많은 도움이 되며 우대를 받을 수 있다. 예를 들면 산업안전기사, 환경관련 수질, 대기, 토양 분야의 자격증 같은 것이다.

인사팀장 시절 지원자들 중에는 지원하는 직무와는 무관한 자격증을 입사지원서에 기재한 것을 많이 볼 수 있었다. 지원자는 기계공학 전공자로서 연구개발 분야에 지원했는데 입사지원서에 투자상담사, 선물거래사 자격증을 보유하고 있다고 적어 놓았다. 지원자에게 "왜 금융 분야 자격증을 취득하게 됐나요?"라고 물었다. 그랬더니 학창시절 친구들과 어울려 주식을 조금 했는데 재미있어서 금융동아리에서 스터디하면서 취득했다고 대답을 하는 것이었다. "그러면 금융 분야로 취업을 하시지 왜 연구개발 분야를 지원했습니까?"라고 다시 물었다.

그 학생은 다소 예기치 못한 질문을 받아서인지 다소 당황하는 기색이었다. 그 학생은 시간이 있어서 그냥 한 번 해 본 것이지 금융 분야로 갈 생각은 없고 전공을 살려 취업을 하려고 한다고 대답을 했다. "그럼 연구개발과 관련하여 어떤 준비를 했는지 말씀해 보세요."라고 마지막 질문을 던졌다. 그 학생은 질문에 대한 답변을 하기 보다는, 입사해서 열심히 배우겠다는 말만 되풀이 했다. 결국 그 학생은 면접관들로부터 낮은 평가를 받았고 불합격의 고배를 마셨다.

요즘도 학교에서 강의를 하면서 앞 사례에서 본 학생과 비슷한 경우를 가끔 보게 되는데, 그럴 때마다 취업을 하기 위해서는 먼저 자신이 잘 할 수 있는 일이 무엇인지를 생각해 보고, 세상 속에서 확인해 보고, 확신이 서면 그것을 취업을 위한 직무 목표를 정하고 필요한 지식과 경험 자격증을 취득하는 것이 중요하다고 조언을 해주곤 한다.

자격증이 취업에 도움이 된다는 주변의 말만 듣고 이런 저런 자격증을 맹목적으로 취득한다면 시간과 돈만 낭비하고 결국 아무것도 건지지 못하게 될 확률이 높다. 따라서 취업목표를 정하고 나면 직무와 관련한 역량을 쌓는데 집중하자. 그리고 역량의 하나로 직무와 관련된 자격증을 취득하는 것이 순서인 것이다.

▶ 어학은 정말 잘해야 하나요?

입사지원을 하는 학생들 중에 자신의 어학 능력이 부족하여 취업을 걱정하는 학생들이 주로 묻는 질문이다. "입사 지원을 위해 반드시 어학레벨이 높아야 하나요?", "회사에서 인사팀장을 하셨는데 정말인가요?" 대답은 회사에서 근무하는 모든 직원들이 다 어학능력이 탁월할 필요는 없다. 입사해서 퇴직할 때까지 회사 내에서 외국어로 한 마디도 하지 않고 자신의 일만 하는 사람도 있다. 하지만 취업을 위해서는 준비해 두어야 하는 것은 당연하다.

채용을 하는 입장에서는 첫째, 언제 회사의 상황이 바뀌어서 외국어 능력이 필요할지 모르기 때문이고, 둘째 이왕이면 다홍치마라고 할까, 또한 많은 지원자들 중에는 외국어 능력을 갖춘 지원자가 많기 때문이다. 그리고 많은 기업들은 더 이상 국내에서만 비즈니스를 하기가 어렵기 때문에 해외로 눈을 돌릴 수밖에 없다. 만일 지원자 여러분이 한 기업의 사장이라고 한다면 여러분도 신입사원을 채용하면서 이왕이면 어학능력이 탁월한 인재를 선호할 것이다. 다만, 직무에 따라서 요구되는 어학 수준이 다를 수는 있다.

▶ 평점이 낮은 데 취업이 가능한가요?

모 대학 초청으로 취업전략을 강의하고 나올 때의 일이다. 강의에서 취업을 위해서는 대학시절 평점이 중요하다고 말을 했다. 강의를 마치고 막 나서려는 데 심각한 표정의 한 학생이 다가 왔다. 무엇인가 물어 볼 것이 있는 눈치였다. "궁금한 것이 있어요?"라고 했더니, 그 학생은 "강사님이 취업을 하는데 평점이 중요하다고 했는데 정말인가요? 평점은 어느 정도 수준이어야 하는가요? 친구가 그러는 데 평점을 안 보는 데도 있다고 하는데 어떤 것이 맞는지요?"

어떻게 답변을 해야 할까 잠시 고민하다가 학생은 평점이 어는 정도 되는가를 물었다. 그 학생은 한참을 망설이더니 3.0이 조금 안 된다는 것이었다. 자신감도 없어 보였다. 강의 내용 중에 기업에서 신입사원을 채용을 하기 위해 서류 전형을 하는데 평점은 중요한 요소가 된다고 한 것을 그 학생은 평점이 낮으면 취업을 할 수 없다고 이해한 것 같았다. 그리고 그 학생에게 혹시 가고 싶은 회사는 생각해 봤는지를 물었는데 아직은 생각해 보지 않았고, 특히 평점이 낮아서라고 하면서 말 꼬리를 흐렸다.

세상에는 많은 직업이 있다. 모든 사람이 다 공부를 잘 해서 취업을 하는 것은 아니다. 자신의 능력에 맞는 직업을 찾아가면 그것이 취업이다. 그런데 문제는 대부분의 학생들은 편하고 좋은 직장만을 생각하고 있는 것이 취업의 큰 걸림돌이 아닌가 싶다. 그 학생에게 "모든 직무가 높은 성적을 요구하는 것은 아닙니다. 성적이 좋아도 직무와 성격이 맞지 않으면 안 되는 것이며, 자신에게 적합한 직업이 무엇인지 알아보고, 잘 모를 때는 전문가와 상의를 해보는 것, 그리고 그 일을 하는 사람을 찾아서 어떤 준비가 필요한지 물어보는 것이 자신에게 맞는 직업을 찾는 지름길입니다.”라고 조언해 준 적이 있다.

　사람에게는 각자의 장점을 한 가지 이상 가지고 있다. 자신의 강점을 살릴 수 있는 직업을 찾는 것이 가장 좋은 취업 전략이다. 성적이 좀 모자라면 어학능력을 높이면 될 수 있고, 큰 기업이 아니면 중견 기업을 찾는 것이 좋다. 대학 성적은 취업을 하는데 필요하지만 성적이 높은 사람이 모두 일을 잘 하는 것은 아니라는 것을 명심하고 자기 스스로 자신감을 가지고 긍정적으로 생각하면 극복할 수 있는 것이다.

Chapter 2

면접의 디테일

면접관의 속성

면접관으로부터 좋은 평가를 받기 위해 지원자가 준비해야 할 것들이 많지만, 그 중에서도 면접관은 어떤 사람으로 구성되고, 어떤 속성을 가지고 있으며, 어떤 역할을 하는지 아는 것 또한 매우 중요한 일이다. 그 이유는 면접관은 여러분의 합격과 불합격을 결정하는 중요한 역할을 하는 사람이기 때문이다. 일부 지원자들은 인사부서 직원들을 면접관이라고 생각하는 사람들이 있는데 실제 그렇지 않으며, 면접에 참석해서 면접의 진행이나 인사부서 측면에서 고려해야 할 사항을 체크하는 일을 담당한다.

실제 면접에서 면접관은 어떤 사람으로 구성될까? 1차 면접의 경우는 실무 팀장 또는 책임자로 구성되는 것이 일반적이며, 실무진 면접이라고 부르기도 한다. 그리고 2차 면접의 경우 면접관은 주로 임원진으로 구성되며 임원면접 또는 인성면접이라고 부르기도 한다. 좀 더 구체적으로 보면 1차 면접에서 실시하는 토론면접, 프레젠테이션면접의 경우는 실무팀장 또는 책임자들이 면접관으로 구성되며, 일부 기업의 경우 과장/대리 직급으로 구성하기도 한다. 그리고 2차 면접의 경우는 인성면접으로 해당분야의 임원으로 구성되는 것이 일반적이다.

다음은 면접관의 속성과 역할에 대해 알아보자. 먼저 1차 면접의 면접관은 실무팀장급으로 자신이 맡고 있는 직무분야에 전문성을 갖추고 있는 것은 물론, 조직의 책임자로서 팀원들을 관리하는 사람들이다. 또한 회사에 대한 충성도가 높은 사람들이며, 나이는 40대 초.중반 정도로 향후 경영진으로 성장하려고 하는 목표를 가지고 있는 사람들이다. 그리고 이들은 면접에서 지원자의 직무수행 능력과 조직에서의 적응능력, 팀워크를 중심으로 능력을 확인하고 평가하려고 한다.

좀 더 구체적으로 보면 직무수행에 필요한 지식과 과제수행 경험, 외국어 구사 능력, 필요한 자격사항 그리고 단체경험, 사회경험 등을 확인한다. 특히 전문분야의 경우는 대학시절 습득한 지식의 수준, 응용 가능 능력, 관련 경험들에 대해 더 많은 관심을 가지고 있다. 물론 지원자가 자신의 팀원으로 적합한 자세, 태도를 갖추고 있는지 확인하는 것은 기본이다. 따라서 지원자는 1차 면접관의 속성과 역할을 이해하고 앞서 말한 사항들에 대해 사전에 답변을 준비하는 것이 바람직하다.

집단 면접(1차 면접)

개별 면접(2차 면접)

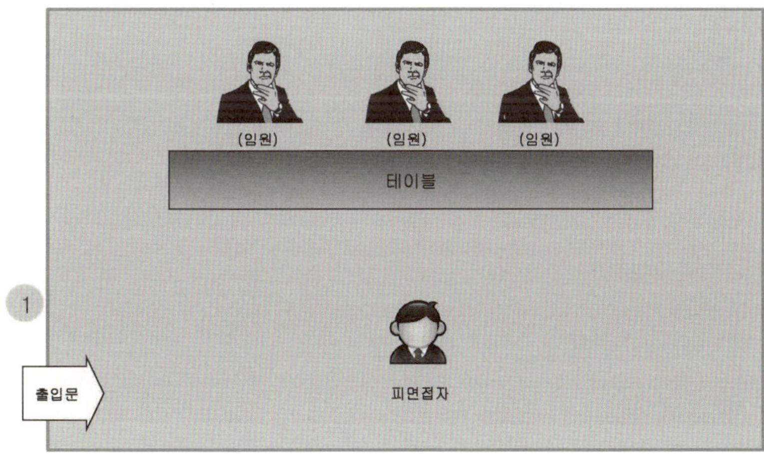

　2차 면접의 면접관은 임원 또는 경영진으로 구성되며 자신이 책임지고 있는 사업부문의 최고 책임자 또는 기업의 중요사항을 의사결정 하는 역할을 하는 사람들이다. 보통 40대 후반에서 50대 초중반의 나이로 기업에서 20년 이상 근속을 하면서 자신이 책임지는 조직 전체의 경영에 대해 능력을 인정받은 사람들이다. 그리고 무엇보다 중요한 것은 여러분의 최종합격 여부를 판단하는 사람들이라는 것이다.

　이들 면접관은 지원자를 평가할 때 직무에 대한 전문성보다는 인재상과 조직문화에 부합하는 사람인지, 올바른 인성과 품성, 건전한 사고와 자세. 태도를 가지고 있는지, 장래 기업의 핵심인재로 성장할 수 있는지 여부에 더 관심을 가지고 있다. 따라서 2차 면접에서 지원자는 기업에 필요한 인재로 보일 수 있도록 준비를 철저히 해야 한다.

　그리고 면접 전형별로 면접관의 구성과 역할이 다르다는 것과 구성에 따라서 질문의 유형, 평가의 기준도 달라질 수 있다는 점을 명심하고 준비를 할 필요가 있다. 또한 최근에는 자신의 기업에 맞는 우수 인재를 채용하기 위해 다양한 면접 방식과 평가방법을 도입하고 있기 때문에 사전에 면접의 유형을 파악하고 준비하는 것이 중요하다.

면접의 평가의 디테일

　면접전형의 단계나 방식에 따라서 면접관의 구성과 역할이 다르다는 것을 앞에서 살펴봤다. 실제 채용면접에서 면접 평가는 어떻게 할까? 그리고 자신은 면접에서 어떤 평가를 받았을까? 면접을 본 지원자 모두가 궁금해 하는 내용이다. 모든 기업이 똑같은 방법으로 평가를 하지 않겠지만 일반적으로 유사한 관점이나 방법으로 평가를 한다고 할 수 있다. 따라서 기업의 면접 평가 방법과 기준을 알 수 있다면 실전 면접에서 더 좋은 평가를 받을 수 있을 것이다.

먼저 면접 합격자를 결정하는 방법이다. 면접관 개개인은 면접이 진행되는 동안에 질문을 하거나 관찰을 하면서 지원자를 평가 하고, 면접이 종료되면 각자의 평가결과와 의견을 제시하면서 최종 평가를 하는 것이 일반적이다. 만일 복수의 면접관 중에서 한 명이라도 기준 이하의 평가를 한다면 그 지원자는 일단 합격자 대상에서 제외된다. 따라서 면접관 모두에게 좋은 평가를 받을 수 있도록 각각의 면접관이 요구하는 질문의 성실하게 자신의 생각이나 경험을 설명할 수 있어야 한다.

다음은 면접 유형에 따라 평가 방법이 다르다는 것을 알아야 한다. 예를 들면 인성면접에서 지원자가 기업이 요구하는 인재상과 조직문화에 적합한 사람인지를 평가한다면, 토론면접에서는 조직 속에서 동료들과 팀워크를 이루어 문제를 해결해 나갈 수 있는 사람인지를 주로 판단한다. 프레젠테이션 면접에서는 주어진 과제를 올바로 이해하고, 문제의 본질을 찾아 창의적인 아이디어로 해결방안을 제시하는지를 평가한다. 따라서 각각의 면접에서 좋은 평가를 받기 위해서는 면접 유형별로 평가요소가 무엇인지 아는 것이 중요하다.

다음은 많은 지원자 중에서 우수한 인재를 선별하는 방법이다. 그 방법은 면접관의 질문에 올바른 답변을 하지 못하는 지원자를 탈락시키는 면접을 하는 것이다. 일반적으로 사람들은 지원자의 탁월한 측면만을 찾아서 평가한다고 생각하지만 사람은 누구나 강점을 가지고 있기 때문에 이런 방법으로 다수의 지원자 중에서 우수한 사람을 찾기란 쉽지 않다. 따라서 기업의 인재상에 맞지 않는 지원자, 평가 기준에 미달하는 지원자를 찾아내서 낮은 평가를 하면 된다. 그러면 저절로 우수한 인재를 찾아낼 수 있기 때문이다.

끝으로 면접관은 어떤 관점을 가지고 지원자들을 평가할까? 일반적으로 3가지 관점에서 면접관은 관심을 두고 평가한다. 첫째는 지원자 자체에 대한 관심이며, 둘째는 지원자와 직무의 관련성이며, 셋째는 입사의지와 목표의식을 가지고 회사에 기여할 수 있는 사람인지 여부에 관심을 갖는다. 지원자의 성장과정과 학교생활에 대해 질문을 하면서 안정된 정서 속에서 성장하였는지, 올바른 인성과 품성을 가지고 있는지, 성격과 대인관계는 원만한지, 동아리 활동, 봉사활동 등 다양한 활동에 참여하면서 예비 사회인으로서 자질을 갖추었는지를 평가하면서 지원자가 어떤 사람인지를 알아본다.

예를 들면 성장과정에서 자신에게 영향을 준 사람, 살아오면서 가장 힘들었던 경험, 생활신조나 좌우명, 학창시절 리더 경험, 동아리 활동 경험, 아르바이트와 같은 사회경험, 성격의 장점과 단점, 인생관, 가치관을 묻는 질문들이 바로 그것이다.

인성면접 평가 Point(이력서)

이 력 서

.인적사항
.학력사항
.경력사항
.가족사항

평가 항목

- 지원분야와 전공의 관련성
- 학업성적, 공백기간, 교내활동
- 희망직무와 관련한 경험
- 외국어 구사능력 (어학 레벨)
- 자격증, 컴퓨터 스킬 등

인성면접 평가 Point(자기소개서)

자기소개서

. 성장과정/가치관
. 성격의 장단점
. 희망직무/적합성
.지원동기/포부

평가 항목

- 인성/품성/대인관계/태도
- 교내/외 활동 경험
- 희망직무와 관련한 경험 유무?
- 직무와 적합한 성격인가?
- 창의성, 도전, 열정

다음은 지원자의 직무 적합성과 관련한 평가이다. 지원자의 직무수행 능력을 확인하는 것은 입사 후 직무 부여에 있어서 매우 중요하기 때문이다. 따라서 지원자의 전공분야와 학점이수 현황, 평점, 현장실습, 인턴십 경험, 자격증을 확인하고 지원 분야에서 기여할 수 있는 사람인지를 평가한다.

끝으로 신입사원으로서의 자세와 입사의지, 목표의식, 윤리의식을 갖추고 있는지 확인한다. 예를 들면 입사지원 동기를 묻거나 기업에 대해 알고 있는 것들을 발표하게 해서 지원자의 입사의지를 파악하고, 장래 포부를 들어봄으로써 목표의식을 가지고 있는 사람인지를 판단해 본다. 나아가 사원으로서의 윤리 의식과 올바른 직업관. 직장관을 가지고 있는지 평가한다. 지원자의 올바른 자세와 태도, 힘찬 목소리는 신입사원이 기본적으로 갖추어야 할 덕목이다.

면접의 유형별 특징

최근 기업들은 인재를 채용하기 위해 다양한 면접기법을 도입하고 있다. 또한 개별 기업마다 조금씩 다른 면접방식을 택하고 있는 것도 사실이다. 하지만 기본적으로 채용면접은 유사한 측면이 많기 때문에 면접 유형별 특징을 이해하고 준비를 한다면 실전 채용면접에서 큰 어려움없이 면접에 임할 수 있을 것이다. 다만 특정기업에서만 실시하는 면접 방식의 경우라면 별도로 대응전략을 준비할 필요가 있다.

면접은 개인별로 이루어지는 경우와 집단으로 하는 경우가 있다. 개별 면접의 경우 대기업 채용에서는 2차 면접(임원면접)과 프레젠테이션면접에서 볼 수 있는 면접방식이다. 비교 대상이 없는 대신 지원자 간 상대적인 긴장감이나 스트레스는 적지만 면접 시간도 길고 다수의 면접관으로부터 다양하고 집중적이며 심층적인 질문을 받기 때문에 인내심이 요구되며 침착하게 대응하여야 한다.

한 지원자가 있었다. 면접장에 들어서니 다수의 면접관이 앉아 있고, 그 중에 가운데 앉아 있는 면접관이 편안한 마음으로 자신의 능력을 발휘해 보라고 한다. 하지만 지원자는 시선을 어디에 둘지 모르고 긴장한 표정이 역력하다. 면접관들은 돌아가면서 여러 가지 다른 질문을 쏟아냈다. 그 지원자는 질문의 의도를 파악하며 답변을 하느라 정신을 못 차리고 있었다. 이것이 개별면접의 모습이다.

반면에 집단면접은 다수의 인원이 함께 면접을 하는 방식으로 토론면접과 인성면접에서 볼 수 있다. 대졸 신입사원 공채에서 주로 활용되는 면접 방식으로 여러 지원자들을 함께 면접을 보기 때문에 상호 비교가 되는 특징을 가지고 있다. 그리고 공통적인 질문을 하기도 하지만 개별적인 질문도 하기 때문에 주의를 기울여야 한다. 또한 지원자 상호 비교되기 때문에 다른 지원자의 행동이나 답변이 자신에게도 영향을 미칠 수 있다. 또한 자신이 질문을 받지 않거나 답변을 하지 않고 앉아 있을 때 시선 처리가 어려운 것도 이 면접의 특징이다.

어떤 지원자가 채용면접에서 겪었던 경험이다. 순서대로 자기소개를 하는 데 바로 앞에 있던 지원자가 갑자기 일어서더니 "저는 영어로 제 소개를 하겠습니다."라고 하면서 유창한 영어로 자신을 소개를 했다는 것이다. 순간 "나는 어떻게 하지."라는 생각과 "나도 영어로 해야 하나? 난 영어가 잘 안 되는 데 큰일 났네."라는 생각을 했다고 한다. 그 다음 자신의 차례가 되었는데, 지나치게 긴장을 해서 그런지 정작 자신이 준비한 자기소개를 제대로 하지 못했다고 한다.

다음은 지방에서 대학을 다니는 한 학생이 서울 본사에 면접을 보러 가서 있었던 경험이다. 같이 면접을 보는 지원자들이 자기소개를 할 때 대부분이 명문대학, 해외대학 출신이라는 것을 알았을 때 주눅이 들었고, 속으로 "잘 안 되겠구나." 하는 생각이 들었다고 한다. 그 뒤로 개별 면접에서도 자신감 있게 면접관의 질문에 대답하기 어려웠다고 한다. 이와 같이 모습들은 집단면접에서 여러분들도 경험할 수 있는 것들이다. 따라서 흔들림 없이 자신이 준비한 것들을 충실히 대응하고 답변하는 태도가 매우 중요하다.

끝으로 면접의 방식은 아니지만 많은 지원자가 궁금해 하는 '압박면접'에 대해 말해보고자 한다. 한국식 표현으로 압박면접이라고 하는데 스트레스 인터뷰(Stress Interview)가 더 적합한 표현이라고 생각한다. 면접관이 일부러 지원자의 단점, 약점을 이용하여 곤란에 빠뜨리기도 하고, 약간의 불쾌감을 주면서 자제력과 인내심, 판단력 등의 변화를 관찰하는 면접 기법이다.

실제 면접에서 있었던 일이다. 어학연수를 1년 넘게 갔다 왔는데 어학 테스트 레벨이 높지 않은 지원자가 있었다. 면접관은 그 사람에게 "오랜 기간 동안 해외 연수를 다녀왔는데 거기서 공부는 하지 않고 여행만 다녔나요? 국내서 공부한 사람들보다 레벨이 낮은 이유가 무엇인가요? 비싼 돈만 낭비한 거 아닙니까?"라고 연이어 질문을 쏟아냈다. 그랬더니 그 지원자는 아니라고 하면서 "열심히 공부했기 때문에 레벨은 낮지만 실제 회화 실력은 좋다."고 답변했다. 옆에 있던 면접관이 "열심히 했는데 레벨이 이 모양인가요?"라고 한 술 더 떠서 말했다. 그랬더니 다소 상기된 목소리와 자신을 인정해주지 않는다는 다소 신경질적인 표정으로 "아닙니다, 열심히 했습니다. 레벨이 낮은 이유는 처음 시험을 봤기 때문입니다."라고 변명처럼 들리는 답변을 했다

이 지원자는 면접관의 질문에 자신의 감정을 자제하지 못하고 변명 같은 답변을 하다가 결국 탈락의 고배를 마셨다. 따라서 면접관이 어떤 식으로 질문을 하든지 자신의 감정을 조절하고 침착하게 답변하는 것이 좋은 면접 태도이다.

성공 프레젠테이션 면접

프레젠테이션 면접이란 면접관을 대상으로 주어진 주제에 대해 자신의 생각이나 아이디어를 설명을 하거나 설득을 하는 면접 방식이다. 대기업에서 주로 실시하고 있으며 인성면접에서 볼 수 없는 기획력, 문제해결능력, 발표력 및 직무관련 지식, 창의력 등을 파악할 수 있다. 특히 지원자의 직무역량을 알아보기 위해 직무와 관련한 주제를 부여하는 것이 최근 프리젠테이션 면접의 특징이다.

프레젠테이션 면접에서는 시사 주제도 부여되지만 대부분 직무와 관련한 주제이며, 단문 주제 또는 상황을 읽고 과제 해결을 요구하기도 한다. 각각의 주제는 해결과제를 제시하고 있기 때문에 질문의 의도를 잘 파악하고 문제 해결을 위한 자신의 아이디어를 제시하여야 한다. 그러기 위해서 반드시 기본 개념이나 원리를 잘 이해하고 있어야 한다.

하지만 프레젠테이션 면접에 대해 많은 구직자들이 잘 몰라서 준비를 하는데 어려워하는 것 같다. 그리고 같은 프레젠테이션 면접이라고 해도 기업마다 운영하는 방법이 조금씩 다르기 때문에 더 혼란스러워한다. 일반적으로 기업 면접에서 볼 수 있는 면접의 유형을 살펴보자.

스탠딩(Standing) 프레젠테이션 면접　　과거에 기업 면접에서 실시했던 주제발표 면접과 유사한 형대로 면접 대기실에서 부여받은 주제에 대해서 발표내용을 구상하고 메모지에 정리한 후 면접관에게 자신의 생각을 발표하는 방식이다. 이 면접 방식을 대응하기 위해서는 발표내

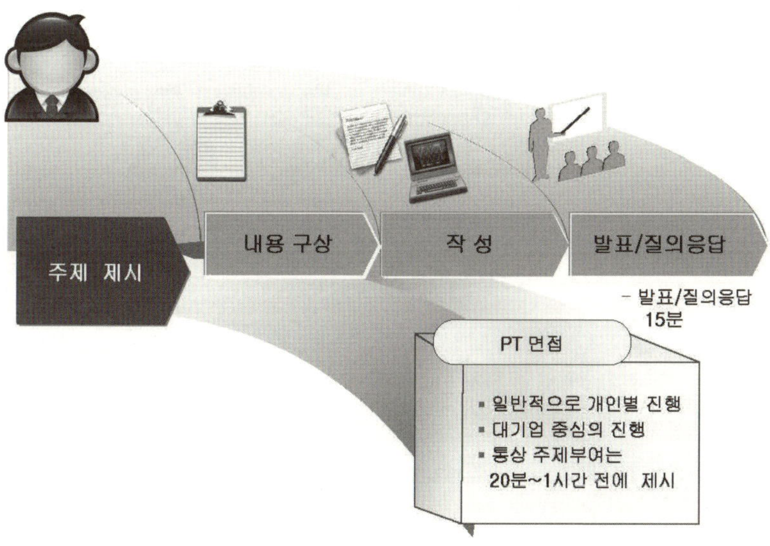

용에 대해 전체적인 흐름을 구상하고 메모지에 자신이 발표할 목차와 주요 키워드만 적어두는 것이 좋다. 그리고 반드시 예상 질문에 대해 답변을 준비하고 있어야만 좋은 평가를 받을 수 있다.

화이트보드를 이용한 프레젠테이션 면접   가장 널리 활용되는 방식으로 S그룹에서 실시하는 면접 방식이다. 특징은 화이트보드에 자신이 부여 받은 주제와 관련하여 발표할 내용을 간략하게 작성하거나 도식을 그려 자신의 생각이나 아이디어를 면접관에게 발표하는 것이다. 이 경우도 반드시 자신의 발표내용에서 질문될 수 있는 사항에 대해 답변할 내용을 사전에 준비해야만 한다.

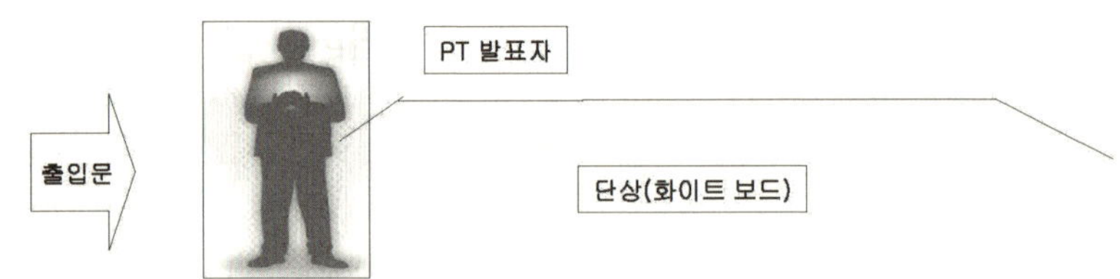

전지(종이)를 이용한 프레젠테이션 면접　　이러한 방식은 대기실에서 주어진 주제에 대해 구상하고 자신이 발표할 내용을 사전에 종이(전지)에 작성한 후에 면접장에 들어가서 정해진 위치에 부착하고 발표한다는 점에서 앞의 면접 방법과 다르다. 하지만 다른 과정은 동일하며, 이런 면접 방식은 면접 진행 시간을 줄일 수 있는 장점이 있다. 물론 예상되는 질문에 대해 답변을 준비해야 한다.

프로젝터(Projector)를 통해 디스플레이하면서 발표하는 면접　　이런 방식은 면접 대상자가 소수이거나 전문직(연구직) 석사, 박사를 채용할 때 활용되는 방식으로 면접실지 전에 면접 대상자에게 주제를 부여하고, 작성하게 한 후 제출하게 하거나, 면접 당일 지참하게 한다. 면접은

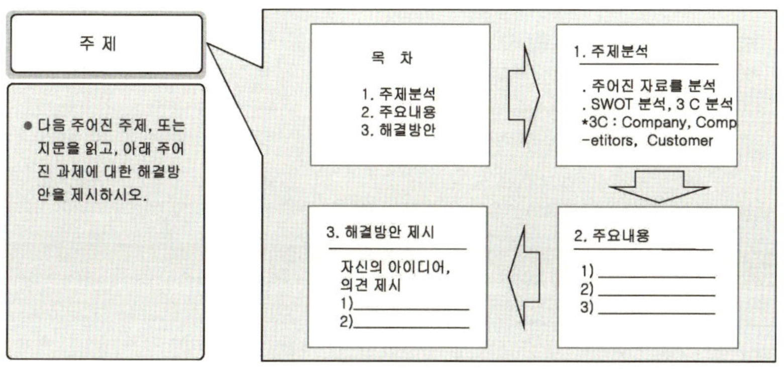

세미나 형태로 진행되는 것이 다른 프레젠테이션 면접과 다른 점이다.

끝으로 면접 전에 주제를 부여하고, 부여한 주제에 맞게 작성하여 면접 당일 제시된 부수만큼 지참하게 한 후 이를 바탕으로 발표하게 하는 프레젠테이션 면접을 하는 기업도 있다. 이 방식은 L그룹에서 활용하는 방법으로 사전에 주제를 부여 받기 때문에 주위 전문가의 도움을 받아서 작성하는 것이 좋다. 그리고 자신이 수행했던 프로젝트 결과물이 있다면 첨부하는 것도 좋다.

대부분 기업의 프리젠테이션 면접의 면접관은 주로 실무 과장 또는 팀장으로 구성된다. 평가요소를 보면 주어진 주제 또는 과제를 잘 이해하고 내용을 구성하였는지, 자신의 주장하고자 하는 내용이 명확한지, 주장하고 있는 내용 근거가 타당하며, 발표는 논리적이며 내용은 사실에 근거하고 있는지, 주어진 과제에 대해 구체적인 해결 방안을 제시하

당신은 현재 해외영업의 유럽 담당자입니다. 유럽 시장의 경우 냉장고 시장이 대형시장과 중소형 시장으로 구분되어져 있습니다. 대형시장의 경우 유통망 설계의 문제로 인해서 유럽지역 Local 브랜드들이 대부분을 점유하고 있으며, 중소형 시장의 경우에는 한국산, 대만산, 중국산이 시장을 분할 하고 있습니다. 우리 회사의 인지도는 현재 유럽지역에서 낮은 상태이며 현재 대형 시장에 시장진입여부를 결정하려고 합니다. 제약사항은 아래와 같습니다.

– 우리 회사는 충분한 마케팅 자금력을 보유하고 있지는 않습니다 – 폴란드에는 년간 40만대의 냉장고를 생산하고 있는 Local 공장이 있습니다. 그러나 이 공장의 경우 중소형 냉장고 전용 생산공장으로 터키, 아프가니스탄, 폴란드 내수 시장에 맞게 공략하고 있습니다 – 대형시장의 진입을 위해서 2007년대 초 브랜드 매니저를 선정하여 현재 일부 상품을 OEM으로 유럽 주요국가에 공급하고 있습니다.

문제 : 해외영업 유럽지역 담당자로서 최근의 유럽의 경제 현황을 고려하여 자사의 브랜드를 직접 Launching 할 것인지, 아니면 OEM물량을 확대할 것인지 그 근거와 그 이유를 들어 설명하시기 바랍니다.

구 분	분석 내용
시장분석 (Customer)	• 대형시장/중소시장으로 구분 • 대형시장 → Local Brand 점유율 높음 (유통망) • 중소형시장 → 한국, 대만, 중국산 시장분할
자사분석 (Company)	• Marketing 자금력이 충분치 않음 • 중소형시장, – 폴란드에 년간 40만대 생산공장, – 터키,아프가니스탄, 폴란드 내수 시장 공략에 공략에 활용 • 대형시장 : OEM으로 2007년부터 공급
제약요건	• 폴란드 공장은 대형시장과 관련 없음 • 대형시장 진입 성공의 관건은 유통망 확보 필요, 많은 Marketing 비용 예상

고 있으며, 문제해결 프로세스가 타당한지, 발표 태도와 자세는 올바른지 평가하게 된다.

토론면접과 대응전략

토론면접은 집단면접의 한 유형으로 인성면접과 프레젠테이션 면접에서 파악할 수 없는 집단 속에서 지원자의 행동특성 및 구성원과의 문제해결 능력 등을 평가하기 위한 면접 방식이다. 기업에서 토론면접을 실시하는 목적은 구성원들은 업무를 수행함에 있어서 해결해야 하는 문제에 부딪히는 경우가 많다. 특히 자신이 스스로 해결하기 어려운 부서간의 갈등이나 어려운 문제를 해결하기 위해 회의를 하거나 토론을 하면서 최적의 해결방안을 도출해 내야 한다. 이때 구성원 개인의 행동특성은 매우 중요하다. 적극적으로 문제를 해결하려고 아이디어를 제시하는 사람도 있지만 그렇지 않은 사람도 있다. 또는 팀워크를 발휘해서 해결해야 하는 문제에 대해 자신의 주장만을 지나치게 고집하는 사람도 있다.

따라서 대부분 기업에서 실시하고 있는 토론면접은 집단으로 토론을 하게 하고 관찰하면서 여러 지원자들 중에서 상대적으로 창의적인 아이디어로 해결 방안을 제시하거나, 팀워크를 발휘하면서 문제를 해결하려고 하는 인재를 찾아내는 면접 방식이다. 다만 토론면접의 운영 방

법이나 제시되는 주제는 기업이나, 지원 분야에 따라서 조금씩 다를 수 있다는 것도 참고하자.

다음으로 토론면접에서의 주요 평가 요소를 보면, 토론 주제에 대해 명확히 이해하고 있으면서 주제와 적절한 내용으로 자신의 의견을 제시하고 있는지, 자신이 제시하고 있는 주장이나 의견들이 논리적이며 구체적인 사례를 제시하고 있는지를 평가하게 된다. 그리고 문제를 해결하기 위해 얼마나 적극적인 자세를 가지고 있으며, 다른 지원자의 발언에 대한 경청태도와 자세들을 평가한다.

그리고 토론의 진행 방법은 사회자를 두고 진행되는 형태와 사회자가 없이 자유토론을 하는 경우로 나누어 볼 수 있는데 일반적으로 사회자를 두고 토론을 하는 경우는 결론을 맺도록 하는 경우가 많으며, 자유 토론의 경우는 면접이 종료될 때까지 자신의 의견이나 주장을 하면서 개인적으로 결론을 제시하게 된다.

토론면접에서 주의해야 할 점은 지나치게 소극적인 태도로 토론에

실전 모의토론 사례

주제 : 서울시 교육청의 학생체벌 금지에 대해 찬반 토론을 하세요. (20분)

박(찬) : 학생체벌의 효과가 있는지 의문이고, 학생의 인권도 존중되어야 하기 때문에 체벌 금지에 찬성합니다.

이(반) : 학생 체벌 금지로 인해 교사들이 학생들의 눈치를 보고 있기 때문에 반대합니다.

안(찬) : 체벌이 아닌 효과적 방법이 있다. 숙제를 주거나 자기반성을 할 수 있는 방법이 체벌보다 효과적이고, 체벌은 오히려 악영향을 준다.

정(반) : 간접적 체벌을 고려 하는 것은 오히려 혼란을 가중 시킬 수 있다.

안(찬) : 체벌이 없어지는 것은 불가능 하다. 그러나 불가능해도 시도해야 한다.

송(반) : 간접적 체벌 보다 직접적 체벌이 필요하다. 적당한 체벌이 필요하다. 체벌 금지로 교권이 추락하고 있다.

안(찬) : 송OO씨, 교권이 학생들의 인권보다 높다고 생각 하십니까?

송(반) : 누가 더 높다는 것은 아닙니다. 학생들이 교사를 성희롱을 하거나 반항하는 것에 대한 대응 방안이 없다.

안(찬) : 잘 들었습니다, 둘 다 동등하게 보호 되어야 합니다.

박(찬) : 교권이 무엇입니까? 학생이 선생님을 존경하는 것입니까? 의문이 듭니다. 학교 내 분위기와 관행적이 것이 문제이며, 체벌 금지로 혼란이 있는 데 점진적으로 금지하는 것이 좋다고 생각 합니다.

적극 참여하지 않거나, 상대방의 의견에 대해 경청하지 않고 자신의 주장만을 강요하는 것같은 인상을 주는 경우와 자신의 주장은 구체적으로 제시하지 않고 반대를 위한 반대를 하는 경우이다. 실제 면접에서 자신이 주장한 의견에 대해 반대 입장을 보인 상대방 발표자에게 자신의 감정을 자제하지 못하고 계속해서 말꼬리를 잡아 질문만 하는 사람이 있었다. 이 지원자는 스스로 적극적으로 토론에 참여했다고 생각했을지 몰라도 낮은 평가를 받았다. 토론에서는 상대방의 의견도 존중하는 자세가 중요하며, 다양한 관점에서 자신의 생각이나 의견을 제시하면서 자신의 의견을 분명히 하는 것이 좋다. 그리고 자유토론이 아닌 경우에는 팀워크를 발휘해서 해결하려는 노력을 보이는 것이 높은 평가를 받을 수 있다.

끝으로 실제 토론면접에서 좋은 평가를 받기 위해서는 면접 대기실에서 주제가 주어졌을 때 다음과 같이 정리하는 것이 좋다. 첫째, 주제에서 요구하고 있는 핵심 이슈가 무엇인지, 또는 해결해야 할 과제가 무엇인지 먼저 파악하는 것이다. 둘째는 자신이 파악한 주요 이슈와 관련하여 자신이 알고 있는 구체적인 사실 근거나 생각을 정리해 두는 것이다. 셋째는 자신의 주장에 대해 예상되는 반대 의견을 가정하고 자신의 반박 논리를 정리해 둔다. 끝으로 위에서 정리한 내용들은 찬성논리와 반대논리 모두 한 메모지에 정리해서 발표내용에 대해 시나리오를 구상해 두는 것이다.

특히, 직무와 관련한 주제라면 이론적인 근거나 구체적인 사례, 혹은 자신의 경험을 논리적으로 제시하면서 상대방을 설득할 수 있어야 한

다. 나아가 동료들과 팀워크를 이루어 해결 방안을 제시한다면 면접관
으로부터 높은 평가를 받을 것이다.

성공면접 Q&A

　면접관들은 자신의 기업에 적합한 인재를 찾아내기 위하여 다양한 질문을 한다. 입사지원서에 기재되어 있는 내용을 확인하기도 하고 지원자의 생각이나 의견을 묻기도 한다. 일반적으로 입사지원서에 기재되어 있는 내용은 사실 확인을 하기 위해서 하는 질문으로 답변하기가 쉽다. 반면에 지원자의 생각이나 의견을 묻는 질문은 질문의 의도를 파악하기 어렵다. 어떤 지원자는 질문의 의도를 제대로 파악하지 못하고 동문서답을 하기도 한다. 하지만 면접관의 기대와 다른 생각이나 엉뚱한 답변으로 기업에 인재상과 부합하지 않거나, 우수하지 않은 인재로 평가될 수 있기 때문에 면접관의 질문에 잘 대답해야 한다.

　그리고 많은 기업에서 면접관이 자주 묻는 질문은 신입사원으로서 적합성을 따져보는데 매우 중요하기 때문이다. 따라서 여러분이 실전 면접에서 우수한 인재로 평가 받기 위해서는 예상되는 질문과 질문의 의도를 파악하고 답변을 미리 준비해 두는 것이 매우 중요하다.

Q 1. 지원동기를 말씀해 주세요.

이 질문은 왜 많은 회사 중에서 우리 회사를 선택했는지, 경쟁사도 있는데 왜 우리 회사에 입사하려고 하는지, 우리 회사에 대해 얼마나 잘 알고 지원했는지를 알아봄으로써 지원자의 입사의지와 준비된 인지인지를 평가하는 질문이다. 지원자는 왜 입사하려는지 면접관이 공감할 수 있도록 그 이유를 제시해야 한다. 영어로 나타낸다면 "Why do you apply for our company?"이다.

하지만 실전 면접에서 어렸을 때부터 회사에 대해 알고 있었으며, 그때부터 꼭 입사하고 싶었다고 오버하거나, 최근에 귀사는 성장 발전하는 모습을 보고 장래 비전이 있다고 생각해서 지원했다고 하거나. 교육제도 및 복리 후생제도가 잘 되어 있어서 지원했다고 무임승차를 하려고 하는듯한 인상을 주는 지원자들이 있다.

위와 같은 식으로 지원동기를 말 한다면 결코 좋은 평가를 받기 어려울 것이다. 지원동기를 말 할 때에는 "기업의 경영이념, 비전, 제품 및 기술력 등이 경쟁 기업보다 탁월하며, 자신이 대학시절 배운 지식과 그동안의 경험을 바탕으로 기여할 수 있을 것이라 생각되어 지원하게 되었습니다."는 식으로 답변하면 좋다.

Q 2. 인생에서 가장 소중한 가치는 무엇이라고 생각합니까?

이 질문은 지원자의 가치관을 묻는 질문이다. 이 질문에서 지원자가 어렵게 느끼는 것은 '가치'라고 하는 말의 뜻을 잘 이해하지 못하는 것이다. 그래서 지원자 중에는 엉뚱한 답변을 하기도 한다.

인생에서 가장 소중한 가치라는 뜻은 자신이 삶의 의미를 어디에 두고 있는지를 묻는 것이다. 예를 들면 돈, 명예, 화목, 건강, 정직, 성실 등등이 가치이다. 어떤 지원자가 많은 것 중에서 건강을 가장 소중한 가치로 생각한다는 뜻은 "건강하지 않으면 돈을 벌 수도 없고, 집이 화목할 수도 없고, 제가 좋아하는 취미활동을 할 수 없기 때문에 저는 인생에서 건강이 제일 소중한 가치라고 생각 합니다."라고 한다면 올바른 답변이다.

그리고 건강을 소중한 가치로 여기게 된 이유는 "어린 시절 건강이 안 좋아서 1년을 병원에서 생활해야 했고, 그 기간 동안 학교에도 갈 수 없었고, 친구를 만날 수 없었으며, 제가 좋아하는 운동도 할 수 없었기 때문입니다."라고 한다면 면접관은 질문에 대한 충분한 답변으로 받아들일 수 있을 것이다.

Q 3. 로또에 당첨 되면 제일 먼저 무엇을 하겠습니까?

이 질문은 지원자의 돈에 대한 개념과 사용처를 질문함으로써 돈에 대한 생각과 계획성 등을 보려고 하는 의도가 담긴 질문이다.

이 질문에 대해 여러 가지 답변이 있을 수 있다. 만일 어떤 지원자가 제일 먼저 해외여행을 하겠다고 답변을 하거나, 대학원에 진학해서 공부를 더 하겠다. 혹은 제가 관심 있는 일을 창업해서 운영해 보겠다. 라는 식으로 답변을 한다면 면접관은 결코 좋은 평가를 주지 않을 것이다.

그리고 "만일 재직 중 로또에 수십억이 당첨되면 계속 근무하시겠습니까?"와 같이 질문하는 경우도 있다. 대부분의 지원자들은 쉽게 회사에 계속 근무할 것이라고 한다. 하지만 많은 돈이 생겼는데 왜 힘든 회사 생활을 계속하려는지 이유가 무엇인지 이유를 묻는다면 답변하기 쉽지 않을 것이다.

이 경우 지원자는 많은 돈이 생겼음에도 불구하고 계속 회사를 다녀야 하는 이유를 잘 생각해서 답변해야 한다. "제가 회사에 계속 다녀야 하는 이유는 로또에 당첨된 것은 운이 좋았을 뿐이며, 저는 대학에서 배운 지식을 바탕으로 제가 하는 일에 성과를 내고 인정받는 것과 회사 생활을 통해 얻는 많은 것들이 현금 수십억 의 가치 보다 더 가치가 있다고 생각하기에 계속 근무할 것입니다."라는 식으로 답변하면 좋다.

Q 4. 학창시절에 몰입했던 것이 있다면 무엇인가요?

이 질문은 성장과정에서 열정을 가지고 했던 일이 무엇이며, 그 결과 그리고 그 일을 통해서 배우고 느낀 점이 무엇인지를 묻는 질문이다. 면접을 보면서 가장 선발하기 싫은 사람은 동아리 활동, 기타 봉사 활동 경험도 없으면서 학업 성적도 남들과 비교해서 별로 우수하지 않은 사람이다. 많은 회사들이 인재상의 키워드로 열정을 말하고 있는 이유도 자신의 일에 열정과 애정을 가지고 있어야 몰입을 할 수 있고 결과도 좋기 때문이다.

예를 들면 "저는 학업과 관련하여 다섯 번의 공모전에 참가하여 두 번의 입상을 한 적이 있습니다. 제가 참여 했던 공모전은 마케팅 전략 공모전이었으며, 저는 시장조사 분석을 주로 담당하였으며, 소비자의 구매 패턴과 만족도에 대해 조사를 하였습니다. 그리고 방학 때마다 대형 마트에서 아르바이트를 하면서 고객에 대한 만족도를 높이기 위해서 다양한 마케팅 전략이 필요하다는 것을 알 수 있었습니다."와 같은 식으로 자신이 대학시절 목표를 가지고 했던 사례를 답변하는 것이 좋다.

Q 5. 상사가 불법적인 일을 시킨다면 어떻게 하겠습니까?

이 질문은 지원자의 윤리의식을 알아보기 위한 질문으로, 팀장이나 상사가 지시한다고 하는데 있어서 면접자는 질문의 의도를 잘못 이해하고 답변할 수 있다. 특히 공무원 면접에서는 반드시 묻는 질문이며 핵심은 불법적인 일이라는 데 있다.

실전 면접에서 지원자에게 "사장님이 신규 사업 진출을 위해 특별히 자금이 필요해서 제품 일부를 계산서 없이 거래처에 넘기고 현금으로 받아 오라고 하는 데 어떻게 하시겠습니까?"라고 질문을 한 적이 있다. 다섯 명의 면접자 중에 3명이 사장님의 지시이기 때문에 하겠다고 대답한 적이 있었다.

답변은 "불법적인 일이기 때문에 어떤 이유에서도 하지 않겠습니다." 가 정답이다. 상사가 회사를 위한 일이라고 하면서 지시를 했다고 하더라도 회사는 기업윤리가 매우 중요하며, 회사가 아닌 상사의 욕심으로 거짓 지시를 할 수도 있기 때문이다.

Q 6. 우리나라 부유층에 대하여 어떤 생각을 가지고 있는가요?

이 질문은 "최근 빈부의 격차가 심해지고 있는 데 어떻게 생각 하는가? 특히 극소수 부유층이 우리나라 전체 부의 많은 부분을 차지하는 것에 대해 어떻게 생각 합니까?" 또는 "우리나라 양극화 현상에 대해 어떻게 생각합니까?"와 같은 질문이다.

일부 부유층이 불법적이거나 탈법을 해서 재산을 형성했다는 뉴스를 방송이나 신문에서 자주 접하고 있다. 최근 저축은행 오너들의 도덕적 헤이와 탈법이 있었고, 정치권 상류층, 고급 관료들의 비리가 연일 보도되고 있는 것도 현실이다. 과거에는 재벌 2세에 대한 불법 상속과 관련된 적이 많았다.

하지만 면접에서 이런 질문을 하는 이유는 그런 사실이 있지만 지원
자가 부유층에 대해 어떤 사고방식을 가지고 있는지 보려고 하는 데 질
문의 의도가 있다. 부유층이라고 하면 자칫 정상적인 방법으로 재산을
형성하기 보다는 편법을 많이 동원했을 것이라는 생각을 갖기 쉬운 데,
지원자가 그렇게 생각하고 있다면 회사에서 일해서 받는 임금은 불만
족스러울 것이며, 사회에 대한 반감은 회사 생활을 하는 데 어려울 것
이라고 생각하기 때문이다.

따라서 어떤 경우라도 자신의 현재 경제적인 처지를 비교해서 부유
층에 대한 안 좋은 생각을 가지고 있는 사람처럼 대답해서는 절대 안
된다.

"일부 부유층은 불법이나 탈법을 해서 부를 쌓은 경우도 있겠지만 대
부분의 사람들은 열심히 노력하고 저축해서 지금의 부를 갖게 되었다
고 생각 합니다." 또는 "대부분의 부유층은 많은 노력을 해서 부를 쌓
았다고 생각하며, 저도 맡은 바를 직무를 성실히 수행하고 창의적인 아
이디어를 통해 변화를 추구한다면 충분 성공할 수 있을 것이라고 생각
합니다."와 같은 식으로 대답하는 것이 좋다.

Q 7. 대인관계에 있어서 가장 중요한 것이 무엇이라고 생각합니까?

이 질문은 지원자가 입사 후에 조직 구성원들과 원만하게 업무 수행
을 할 수 있는 사람인가? 또는 거래처와 좋은 유대 관계를 형성할 수
있는 지원자인지 알아보고자 한다. 그리고 가끔은 면접 자기소개에서
친구가 많고 대인관계가 좋은 것이 장점이라고 내세우는 지원자에게

질문을 하기도 한다.

영업 분야를 지원하는 지원자의 경우 대인관계가 좋다는 것을 영업 분야에 자신이 적합하다고 주장하는 경우가 많다. 하지만 영업 분야의 경우 지원자가 대인관계가 좋다고 하는 이유만으로 그 사람에게 호감을 갖지는 않는다. 가끔 "저는 친구도 많고 사람을 만나는 것을 좋아하기 때문에 영업에 적합합니다. 저는 대인 관계가 좋아 어디에서나 적응을 잘 합니다. 그래서 영업에 적합합니다." 라고 면접에서 자신을 나타내는 지원자가 있다.

이런 경우에 면접관은 지원자의 말을 그대로 받아들이기 보다는 지원자의 말을 확인하기 위해서 위와 같은 질문을 하곤 한다. 기업에서의 대인관계는 조직구성원과의 관계는 물론 비즈니스에 적합한지를 보는 것으로 단순히 주위의 사람들과 잘 지내며, 알고 있는 사람이 많다고 하더라도 면접관은 지원자의 말을 그대로 믿지 않을 것이기 때문이다. 따라서 "제가 생각할 때 대인관계에서 가장 중요한 것은 신뢰라고 생각합니다."와 같이 답변하면 무난하다.

Q 8. 친구들은 당신을 어떤 사람이라고 이야기하는지요?

이 질문은 지원자의 주변 인물을 통해서 지원자의 인성과 대인관계를 우회적으로 알아보고자 하는 질문이다.

이와 같은 질문은 면접에서 지나치게 자신이 주위의 사람들에게 모범이 되는 사람처럼 말하고 있거나, 자기 소개서에 자신의 성장과정 중

활동이나 자신의 성격의 장점 또는 자신이 주장하는 생활신조 등의 내용을 보면서 지원자를 확인한다. 때로는 지원자가 채용하기에 적합한 듯이 보이기도 하고, 가식적인 대답을 하고 있는 것도 같은 확신이 잘 서지 않는 지원자에게 질문을 하기도 한다. 그리고 면접 진행 중에 친구에게 전화를 걸게 하고 면접위원이 직접 통화를 하면서 지원자에 대해 물어 보면서 확인을 하는 경우도 있다.

이런 질문을 받으면 솔직하게 답변을 하되, 주위 친구들에게 자신이 "신뢰가 있다, 성실하다, 유머가 뛰어나다, 배려심이 깊다, 리더십이 뛰어나다." 등 자신이 내세울 수 있는 말로 자신이게 답변하고, 실제 사례를 간략하게 부연 설명하는 것이 올바른 답변이 될 수 있다.

Q 9. 친구들이 당신을 부르는 별명이 있는지요?

이 질문은 심각한 질문은 아닙니다. 이 질문의 의도는 별명이 있다는 것은 주위의 사람들과 잘 지낼 수 있을 가능성이 높아 보이기도 하고, 때로는 별명이 그 사람을 대변할 수 있는 인상을 남기기도 합니다.

많은 경우에 "성"이나, 행동특성을 별명으로 부르는 경우가 일반적이며, 예를 들어 " 똘똘이"라는 별명을 가졌었다고 대답했는데, 지원자가 성적도 우수하고 질문에 조리 있게 대답을 잘 하는 경우 면접관에게 좋은 인상을 남길 수 있다.

반면에, 별명도 없다고 대답하고 다른 지원자 보다 비교 우위에 있을 만한 요소(학교, 전공, 성적, 어학 등)가 없는 경우에는 면접관에게 좋은 인상을 남기지 못할 확률이 높다. 아마도 별명을 가져 보지 못한 사람은 없을 것으로 생각 된다.

Q 10. 이상적인 상사의 모습은 무엇이라고 생각합니까?

조직 구성원들이 팀워크를 발휘할 수 있는 분위기를 조성하고, 개개인의 성과를 창출할 수 있도록 기회를 제공하며, 상사로서의 리더십을 발휘할 수 있는 상사가 이상적인 상사의 모습이다. 아직 기업이라는 조직 생활을 한 경험이 없기 때문에 이 질문을 다소 이해하기 어려울 수도 있다. 이 질문은 이상적인 상사의 모습을 말하게 하고 지원자의 특성을 파악해 보려는 의도가 있는 질문이다.

실전 면접에서 필자는 다양한 답변을 하는 지원자를 볼 수 있었다. 예를 들면 부하 사원에게 잘 대해 주는 상사, 공사가 분명한 상사, 부하 사원에게 기회를 많이 주는 상사, 판단력이 뛰어난 상사, 고민을 잘 들어 주는 상사 등 자신이 생각하는 상사의 모습을 말하면 된다. 다만 어떤 상사의 유형을 말 하더라도 왜 그렇게 생각하는지 면접관을 물을 것이기 때문에 자신이 생각하는 이상적인 상사와 이유를 반드시 준비하고 있어야 한다.

Q 11. 개인과 조직의 목표가 부합하지 않는다면 어떻게 행동하겠습니까?

　이 질문의 의도는 여러 가지 측면에서 생각해 볼 수 있는데, 쉽게 생각하면 당연히 조직의 목표를 따라가야 한다고 대답하면 된다. 그런데 이 질문을 왜 했을까? 하는 의문을 가져 볼 필요가 있다. 지원자 모두에게 이와 같은 질문을 하지는 않을 것입니다.

　지원자의 희망 직무와 전공, 그리고 면접장에서 보이는 지원자의 인성, 태도, 다른 질문에 대한 대답 등을 고려해서 질문했을 가능성이 매우 높다. 예를 들면 어떤 지원자가 지원 분야는 '생산' 이라고 적어 놓고 생산 부문에 면접위원들과 면접을 진행하고 있으면서 장래 연구개발 부서로 이동을 말한다거나, 언젠가는 기술을 습득해 자신만의 회사를 경영하고 싶다는 등의 대답을 한다면 이 질문을 받을 가능성이 높다.

　따라서 이러한 질문을 받는 경우는 당연히 조직이 지원자를 필요로 하는 부서에 배치되어 자신이 가지고 있는 능력을 발휘하여 회사 성과를 높이는 데 일익을 담당하겠다고 강하고 자신 있게 대답하여야 하며, 정년퇴직을 할 때까지 다니고 싶다는 말과 지원한 분야에서 전문가로서 성장하고 싶다는 것이 이 질문에 적합한 대답 이다.

Q 12. 생활신조나 좌우명이 있다면 말씀해 보세요.

　예를 들어 생활신조는 "정직한 사람이 되자.", 좌우명은 "진인사 대천명" 등이라고 말한다. 하지만 왜 이런 생활신조나 좌우명을 갖게 되었는지 이유를 제대로 대답하지 않는 경우나, 납득이 가지 않는 이유를 제시하는 지원자가 많다. 그런 경우 면접관은 지원자가 주장하는 생활신조나 좌우명을 믿지 않을 것이다.

면접관 질문의 핵심은 왜 그 좌우명이나 생활신조를 갖게 됐는지 이유가 중요한 것이다. 그리고 평소 어떻게 생각하고 행동하는지 등을 질문하게 된다. 따라서 면접관이 납득할 수 있는 답변을 하기 위해 사전에 답변을 준비하는 것이 좋으며, 답변 내용은 진실이 담겨 있게 자신의 생각과 실제 행동했던 사례를 중심으로 구성하면 좋다.

Q 13. 업무상 상사의 부정을 알게 된다면 어떻게 하겠습니까?

이 질문은 사원들의 윤리의식을 알아보기 위한 질문이다. 기업에서 임직원의 부정한 행동은 회사의 이미지는 물론 기업의 지속적인 성장 발전에 치명적일 수 있다. 따라서 많은 기업들이 윤리헌장을 제정하고 내부에 감사팀을 운영하면서, 임직원의 비리나 부정행위를 항상 추적하거나 조사를 해서 징계를 한다. 또한 내부에서 상사나 동료의 비리를 목격한 사원들이 부정행위를 제보할 수 있도록 경로를 만들어 놓고 있다.

"재직 중에 자신의 상사가 거래처로부터 금품 및 향응 접대를 받는 것을 목격했다면 어떻게 행동하시겠습니까?"라고 질문을 자주 했다. 일부 지원자들은 "상사의 부정을 모른 척한다."고 답변하는 경우가 있는데, 이것은 사원으로서 윤리를 지키지 않는 행동이다. 또는 "상사의 부정을 알게 된다면 곧바로 차 상위자에게 보고 한다."고 답변하는 경우도 있는데, 이런 답변도 신중하지 못한 지원자로 평가받을 수 있다.

따라서 "회사가 정한 윤리규범의 위반 여부를 확인하고, 절차에 따라 제보를 하겠다." 또는 직접목격을 했다면 "옳지 않은 일이라고 상사에게 먼저 말을 해 보고, 그래도 상사가 거부를 한다면 그때 가서 차 상위자나 관련 부서에 보고 하겠다."라는 식으로 답변하는 것이 좋다.

Q 14. 상사로부터 자신이 노력한 것보다 낮은 평가를 받았을 때 어떻게 하겠습니까?

이 질문의 의도는 지원자의 태도를 보고자 한다. 조직이라고 하는 것은 100퍼센트 공정하게 구성원을 평가하기는 매우 어렵지만, 기업에서 공정한 평가가 이루어졌다는 가정을 하고 하는 질문이다. 대부분의 사원들은 자신이 설령 본인이 생각하기에 자신이 잘했는데 평가 결과가 기대 수준보다 못하다고 해서 불평불만을 하기 보다는 스스로 부족했던 점이 무엇인지 돌이켜 보고, 앞으로 어떻게 하면 더 잘 할 수 있을까? 하는 사원으로서의 자세를 기대하면서 하는 질문이다.

예를 들면 상사에게 자신이 어떤 점이 부족했는지 따져 본다고 말하거나, 상사의 말을 들어 본 다음에 생각해 보겠다는 식으로 답변을 한다면 면접관은 그런 부하사원을 채용하지 않을 것이다.

따라서 위 질문의 정답은 "<u>먼저 제 자신이 주어진 업무를 성실히 수행하였는지 돌이켜 보고, 부족한 점을 어떻게 개선할 지를 생각해 보겠습니다.</u>" 또는 "<u>상사의 평가는 사원이 모르는 여러 가지를 고려한 평가이기 때문에 겸허히 받아들이겠습니다. 그리고 분발해서 인정받는 사원이 되도록 노력하겠습니다.</u>"라고 대답하는 것이 좋다.

Q 15. 일요일 또는 공휴일에 부득이 출근해야 하는 경우 어떻게 하겠습니까?

이 질문은 직장인으로서 자세를 보고자 하는 질문으로, 자신이 몸담고 있고 있는 회사에 대한 애정과 주인의식, 목표의식을 가지고 있나 보고자 한다. 이 질문은 종교가 있나, 매주 교회를 나가 예배를 보는지 먼저 묻고 난 후에 일요일에 회사에 급한 일이 있을 때 어떻게 신앙생활과 회사 일을 병행하겠는지를 묻는다. 또는 집안에서 자신이 참석해야 하는 중요한 일과 회사 일이 중복되었을 때 어떻게 행동할 것인지를 묻는 것과 일맥상통하는 질문이다.

면접에서 대답은 당연히 "출근해서 일을 하겠습니다."이다. 하지만 이 질문은 신앙을 가지고 있는 지원자에게 주로 질문을 해서 답변을 곤란하게 만들곤 한다. 기업에도 신앙의 자유는 있다. 하지만 실제 일요일에 근무하는 경우는 거의 없더라도 회사의 일은 언제든지 필요한 시점에 되어야 하기 때문에 면접관은 지원자의 자신의 직무에 대한 생각과 자세를 보고자 한다.

만일 "저는 예배를 보고 회사에 출근해서 일을 처리 하겠습니다."와 같은 답변은 출근하기 어렵다는 뜻으로 받아들일 수 있기 때문에 삼가는 것이 더 좋다.

Q 16. 단체 활동에서 상호 의견충돌이나 갈등이 있을 때 어떻게 해결하겠습니까?

회사나 단체 생활에서는 다양한 이유로 갈등이 존재 한다. 특히 이해가 상충되는 부서 간 갈등과 팀 내부 구성원과의 갈등이 존재 할 수 있다. 부서 간 직무의 경계가 애매모호한 경우 또는 담당자간 책임 소재가 불분명한 경우에 의견 충돌이나 갈등이 생긴다. 정답은 갈등이 있는 부서나, 구성원들이 서로 만나서 원인을 제거하는 것이다. 그러기 위해서는 서로 신뢰를 바탕으로 만나서 대화하고 문제의 원인이 무엇인지를 찾아내서 해결하는 것이다.

면접에서는 먼저 대학시절 단체 활동 경험을 묻고, 혹시 갈등이 있었다면 원인이 무엇이고, 지원자가 주도적으로 어떻게 해결했는지 대답을 해보라고 질문을 한다. 이 질문은 많은 회사에서 지원자에게 하는 질문으로 지원자들은 자신의 단체 경험에서 갈등이 있었던 사례를 생각해 보고 정리를 해서 답변을 준비하는 것이 좋다.

만일 이러한 질문에 지원자가 "저는 단체 활동 경험이 없습니다."라고 잘라 말한다면, 이런 지원자는 향후 입사해서 갈등을 해결하기 어려울 것이라고 판단할 수도 있고, 쉽게 "없습니다."라고 말한다면 신중하지 못한 지원자로 평가할 수도 있다. 사람은 누구나 살아오면서 주위 사람들과 갈등이 있게 마련이기 때문이다.

Q 17. 고객의 이익과 기업의 이익 중 어느 것이 더 중요하다고 생각합니까?

이 질문은 고객에 대해 제대로 이해하고 있는지를 묻는 질문이다. 기업이 살아가는 원동력은 바로 고객이 있기 때문이다. 많은 지원자들이 선택에 문제에 부딪히면 곤란해 하는 질문 중에 하나이며, 자칫 질문의 의도를 잘못 파악하고 답변을 했다가 낭패를 볼 수도 있다.

일반적으로 지원자들은 이 질문이 회사에 대한 충성심을 테스트하기 위한 질문이 아닌가 하는 생각하는 경우도 있다. 하지만 어느 쪽을 지원자가 선택하더라도 면접관은 "왜, 선택했는지." 이유를 반드시 물을 것이다. 따라서 지원자는 선택이유를 사전에 정리하고 있다가 답변을 하는 것이 좋다.

쉽게 생각한다면 당연히 기업이 이익이 더 중요하다고 답변하는 것이 맞다. 하지만 기업의 이익은 고객으로부터 나온다고 생각해야 한다. 고객이 없이 그 회사는 존속을 할 수 없기 때문이다. 따라서 "고객의 이익을 창출하는 것이 궁극적으로 회사의 이익이라고 생각합니다."라는 식으로 답변하는 것이 정답이다. 만일 면접위원의 재차 질문이 "고객의

이익과 회사의 이익이 상충될 때 누구의 이익이 더 중요한가?"라고 질
문을 할 때는 당연히 "회사의 이익을 더 먼저 고려해야 한다."라고 대
답 하면 무난할 것입니다.

Q 18. 경제성장과 사회복지 중 무엇이 우선되어야 한다고 생각합니까?

이 질문은 "환경 보전과 개발 중에 어느 것이 우선시 되어야 하는
가?"라는 질문과 매우 유사하며, 서로 상반될 수 있는 개념을 제시하고
지원자가 둘 중에 하나를 선택하게 하고 그 이유를 제시하게 하면서 평
가를 한다. 따라서 지원자는 자신의 논리를 잘 전개하여 면접관을 설득
하고, 공감할 수 있도록 제시하는 것이 중요하다.

경제 성장도 하면서 사회복지를 확충하기에는 쉬운 일이 아니며, 반
대로 경제를 우선시 하고 사회 복지를 등한시 한다면 빈부의 격차는 더
욱 심해지는 문제가 분명히 있다. 따라서 답변을 할 때는 두 가지 상황
에 대해 간략하게 설명한 후 자신이 더 중요하다고 생각하는 것을 선택
하고 그 이유를 전개하는 것이 좋다.

예를 들면 "저는 사회 복지도 매우 중요 하다고 생각합니다. 하지만
사회 복지를 하기 위해서는 경제가 더 우선시 되어야 한다고 생각 합니
다. 최근 유럽의 재정 위기도 경제보다는 지나친 사회복지에 치중하다
가 생긴 결과라고 생각 됩니다. 따라서 경제가 더 중요하며 경제 발전
을 통해 사회 복지를 실현해야 된다고 생각합니다."와 같은 식으로 자

신의 의견을 전개하면 된다.

　만일 반대의 경우로 전개한다면 그에 걸 맞는 사례를 예로 들어서 설명하고 자신의 논리를 전개하면 문제가 없을 것이다. 이 질문이 찬반 토론의 주제라면 여러 가지 관점에서 토론이 이루어지겠지만 집단 면접에서 질문되었다면, 어느 한 분야에 대한 자신의 생각을 선택하고 논리를 전개하는 것이 바람직하다. 때로는 중간자적인 대답을 하는 경우가 있는데 논리가 어중간하여 이도 저도 아닌 답변이 될 수 있다는 점을 주의하여야 한다.

Q 19. 사람을 대할 때 가장 중요하다고 생각하는 것은 무엇이라고 생각합니까?

　이 질문은 지원자가 대인관계에서 어떤 관점을 가지고 있는지 알아보기 위해 묻는 질문으로, 특히 영업 분야나 업무 특성상 외부 사람을 많이 접촉해야 하는 직무 분야 지원자에게 주로 질문하게 된다. 업무 수행을 위해 만나는 사람들은 대부분 이해관계로 만나게 되며, 이해관계란 물건을 팔고자 하거나, 구매하려고 할 때 자신에게 더 유리하도록 상대방과 협상을 하는 관계로 상대방을 대하는 관점이 매우 중요하다. 그리고 위 질문은 사람마다 다른 가치관을 가지고 있기 때문에 답변의 차이가 있을 수 있다. 하지만 위에서 설명한 것처럼 면접관의 질문 의도를 보면 사회, 조직이라는 울타리 속에서 자신의 직무와 연관 지어서 답변을 하는 것이 바람직하다.

예를 들면 "제 생각에는 사람을 대할 때 진심으로 대하고 믿음을 형성하여 지속적이고, 우호적인 관계를 유지함으로써 회사 이익에 더 많은 기여를 할 수 있을 것으로 생각 합니다."라는 식으로 답변을 하면 무난하다.

Q 20. 인생에서 본받고 싶은 인물이 있다면 누구인가요?

이 질문은 "존경하는 사람이 있나요? 그리고 존경 하는지 이유를 말해 보세요."라는 질문과 같은 질문이다. 이 질문의 의도는 존경하는 대상과 이유를 들어 보면서 지원자의 가치관이나 생각을 우회적으로 알아보고자 하는 질문이다. S그룹의 경우 입사지원서에 존경하는 인물과 그 이유를 쓰도록 하고 있으며, 빈번하게 기업 면접에서 질문하고 있다. 이 질문의 핵심은 존경하는 인물이 누구인가도 중요하지만 왜 존경하는지 이유가 더 중요하다는 것을 지원자는 알아야 한다.

실제 면접에서 이 질문을 받고 지원자가 "저는 존경하는 인물이 없습니다."라고 답변을 했다면 자신밖에 모르는 사람으로 평가를 받을 수 있다. 또는 "부모님을 존경합니다."라고 대답을 한다면 맞는 대답이긴 하지만 면접관이 기대하는 답변과는 거리가 먼 답변이다. 부모님은 당연히 존경의 대상이기 때문이고, 너무 평범하고 자신의 목표나 도전정신이 없어 보일 수 있다. 이런 경우는 면접관이 공감할 수 있도록 존경하는 이유를 잘 설명하여야 한다.

　자신이 존경하는 인물은 한 사람 정하고 있어야 하는데 자신이 책 속에서 본 역사 속의 인물이든 현존하는 인물이든 자신이 잘 알고 있고, 많은 사람이 공감할 수 있는 인물이면 좋다. 그리고 자신이 존경하게 된 이유를 정리해서 답변하는 것이 다른 지원자와 차별화 할 수 있는 방법이다. 예를 들면 "저는 이순신 장군을 존경합니다. 해군 제독으로서 전문성을 갖추고 있으며, 창의적인 아이디어로 거북선을 고안하고, 제작하여 실전에서 큰 전과를 올렸기 때문입니다."와 같은 방식으로 답변하면 좋다.

Q 21. 기업의 사회적인 책임이 무엇이라고 생각합니까?

　이 질문은 지원자가 사회 구성의 하나인 기업이 더 중요하게 생각하고 있는 사회적 책임이 무엇인지 알고 있는지 알아보고자 하는 의도를 가지고 있다. 하지만 대학생활을 하면서 이런 표현을 자주 접할 일이 없고, 가끔 방송 뉴스에서나 접할 수 있기 때문에 기대하는 답을 말하기는 쉽지 않다.

　그리고 이 질문은 S그룹 계열사에서 가장 많이 질문하는 것이기도 하다. 많은 지원자들은 "기업의 사회적 책임"이라고 하면 먼저 고객으로부터 돈을 벌었으니 "사회에 환원"을 해야 한다든지 혹은 "기부를 많이 해야 한다."고 먼저 생각하는 것 같다. 틀린 답은 아니지만 기업 면접에서 기대하는 답변은 아니다. 기업의 사회적 책임 중에 가장 중요한 것은 "고용의 창출"이다. 기업은 경영을 잘 해서 더 많은 매출과 이익을 창출해야 하며, 그래야 기업은 지속 성장 발전할 수 있으며 더 많은 사람을 고용할 수 있다. 이것이 진정한 기업의 사회적 책임을 다하는 것이다. 그리고 두 번째가 성실한 납세이며, 마지막으로 기업이 직접 사회에 기부하는 것이다.

그럼에도 불구하고 많은 지원자들은 "기업은 소비자로부터 이익을 얻고 있기 때문에 사회에 환원해야 한다."라고 답변하는 경우가 많은데 면접관은 그 지원자의 생각을 좋게 보지 않을 것이다. 면접에서는 "기업의 고용 창출이 가장 큰 사회적 책임"이라고 답변하는 것이 올바른 답변이다.

Q 22. 기업의 사회적 역할은 무엇이라고 생각합니까?

이 질문은 지원자가 기업이라는 속성을 제대로 알고 있는지를 알아보고자 하는 질문이다. S그룹에서 자주 묻는 질문 중에 하나이다. 이 질문은 유사한 질문처럼 보이는 "기업의 사회적 책임이 무엇인가?"라는 질문과 혼동을 일으킬 수 있는 질문이기도 하다.

이에 대한 대답은 두말 할 것도 없이 "기업 이윤의 극대화, 이윤 창출이다." 지원자들 중에는 기업이 소비자로부터 얻은 이익이기 때문에 사회에 환원해야 한다고 답변하는 경우가 제법 많다. 일부 지원자들은 가난한 사람들을 위해 기업이 사회봉사를 하거나, 학교에 건물이나 기자재를 지원해 주거나, 기부를 많이 해야 한다고 답변하는 지원자들도 있다.

이와 같은 답변을 하는 지원자를 면접관은 좋아할까? 기업의 이익은 특정 개인의 이익이 아니며 주주와 임직원 등 관계자들이 나누어 가져야 하는 몫이다. 그리고 기업이 지속적으로 발전하기 위해 재투자를 해야 하는 재원이기도 하다.

실전 면접에서 기업의 이익을 환원해야 한다고 답변한 지원자에게 "올해 기업 이익이 많이 나서 임직원에게 보너스를 주려고 하는 데 지원자의 보너스는 사회에 기부하면 어떻겠습니까?"라고 물었더니, 그 지원자는 "안 됩니다."라고 답변한다. 기업은 이익 창출을 극대화 하는 것이 기업의 역할이며, 따라서 구성원들은 비용을 줄이고 더 많은 이익을 얻기 위해 노력하는 자세가 필요하다.

Q 23. 고민이 있을 때 주로 누구와 상의하는 편입니까?

이 질문은 지원자의 주변에 어떤 사람들이 있으며, 특히 자신이 어려움을 누구와 주로 상의하는지를 보면서 지원자의 인성이나 주변 인물들을 알아보고자 한다. 그리고 지원자가 가지고 있는 고민이 무엇인지도 알 수 있으며, 또한 자신의 어려움을 적극적으로 해결 하고자 하는 자세를 우회적으로 볼 수 있다.

지원자가 스스로 해결하기 어려운 문제나 고민이 있을 때 고민을 털

어 놓고 상의할 사람이 있다는 것은 평소 대인관계가 좋다고 볼 수 있다. 그리고 부모님과 상의를 한다고 하는 지원자는 원만한 가정환경에서 성장했다고 생각할 수 있다. 그리고 고민의 내용이 무엇인지를 보면서 평소 관심 있는 일이 무엇이었는지 알아보고자 한다.

이 질문에 답변할 때는 부모님 또는 교수님, 주변에 사회적으로 경험이 풍부한 사람에게 고민을 말하고 조언을 구한다고 하는 것이 무난하다. 그리고 고민의 내용 중에 이성에 대한 것은 가급적 삼가 하고 자신의 진로나 삶의 목표들과 관련한 것들을 상의한다고 하는 것이 좋다.

실전 면접에서 위와 같은 질문을 했을 때 한 지원자가 "저는 주로 친구들과 고민을 이야기합니다."라고 한다. 그래서 "주로 어떤 고민을 친구들에게 상담합니까?"라고 물었더니 "여자 친구 문제를 이야기 합니다."라고 한다. 그래서 필자는 "네."라고 응대하곤 더 이상 묻지 않았고, 이유는 고민의 내용이 필자가 기대했던 것과는 거리가 멀었기 때문이다.

Q 24. 살아오면서 가장 힘들었던 일과 어떻게 극복하였는지를 말씀해 보세요.

이 질문은 성장과정에서 지원자가 어떤 어려움을 겪었고, 슬기롭게 극복했는지를 알아봄으로써 입사 후에 어려움에 부딪혔을 때 극복해 나갈 수 있는 기본자세가 된 지원자인지 판단하기 위한 질문이다. 누구나 살아오면서 힘들고 어려운 일을 겪기 마련이다. 하지만 실전 면접에서 이 질문을 받은 지원자들은 이 질문의 의미를 잘 모르고 답변을 주저하는 경우가 많다.

어떤 지원자는 "저는 살아오면서 힘들었던 적은 없습니다."라고 간단하게 답변하곤 한다. 이런 답변을 하는 지원자에게는 더 이상 질문을 하지 않을 것이다. 이 질문에서 구직자는 "힘들다."라고 하는 말을 생각해 보면 어떻게 답변해야 하는지 쉽게 이해할 수 있을 것이다. "힘들다."라는 의미를 "경제적으로 힘들었는지", "정신적으로 힘들었는지", "육체적으로 힘들었는지" 기타 자신이 생각할 때 힘들었다고 하는 것을 정하고 구체적으로 힘들었던 원인이 무엇인지를 말하면 맞는 답변이 될 것이다.

그리고 면접관은 어떻게 극복했는지를 반드시 추가적으로 물을 것이기 때문에 자신이 어려움을 극복하기 위해서 했던 행동을 답변하는 것이 좋다.

실전 면접에서 "아직까지 살아오면서 가장 힘들었던 경험이 있습니까?"라고 질문을 한 적이 있었다. 지원자는 "네, 아버지께서 건설업에 종사하셨는데 경기 침체로 부도가 나서 가족 모두 작은 전세 집에서 3년간 살 때 가장 힘들었습니다.", "어떤 점이 힘들었습니까? ", "네, 각자 자기 방에서 생활하다가 방 하나에서 가족 모두가 생활하는 것이 처음엔 힘들었습니다.", "어떻게 극복했습니까?", "네, 저는 아르바이트를 하면서 등록금을 마련했고, 가족 모두 근검절약했습니다, 차츰 아버지 사업도 나아지고 저희 가족은 예전에 살던 집으로 다시 이사 올 수 있었습니다, 제가 배우고 느낀 점은 가족의 사랑과 근검절약하는 정신을 배울 수 있었습니다."라고 답변을 했다. 이런 식의 답변이 위 질문과 부합하는 바람직한 답변 방법이다.

Q 25. 회사에서 평가를 한 후에 귀하에게 권고사직을 하라고 하면 수용하겠습니까?

이 질문은 지원자가 권고사직의 대상이 되었다고 가정하면서 회사의 결정에 지원자가 어떤 자세를 가지고 있는지를 우회적으로 알아보고자 하는 질문인데, 구직자가 면접에서 이 질문에 답변을 하기에 쉽지는 않다. 이 질문은 작년 S전자에서 있었던 질문이며, 필자도 현직 팀장시절 이와 유사한 질문을 하곤 했다.

첫 번째 경우는, "만일 저의 평가 결과가 동료들 보다 낮아 권고 사직의 대상이 된다면 아쉽지만 회사의 방침에 따르겠습니다. 그 이유는 제가 능력이 부족하고 성과가 낮다고 평가되었기 때문에 계속 근무한다고 주장하는 것은 오히려 다른 사람의 성과에 편승해서 회사 생활을 하는 사람이 될 것이기 때문입니다."라고 수용하는 지원자이다.

두 번째 경우는 "만일 제가 권고사직 통보를 받으면 먼저 팀장님에게 왜 제가 대상이 되었는지 따져 보고, 납득이 가면 수용하겠습니다."라고 답변하는 지원자이다.

끝으로 "저는 열심히 했기 때문에 회사의 의사결정을 수용하기 보다는 제가 부족한 것이 무엇인지 먼저 물어 보고, 이 점을 보완해서 잘 할 수 있다고 주장하겠습니다. 그리고 열심히 근무하도록 하겠습니다."라고 주장하는 지원자 이다.

위 세 가지 답변 중에 두 번째와 세 번째 사례는 근본적으로 회사의 평가 결과가 객관적이고 공정하지 않다고 생각하는 데서 출발한 답변이다. 따라서 이와 같은 답변 태도를 보이는 지원자를 좋게 평가하기 어렵다. 반면에 회사의 평가 결과를 수용하겠다는 것은 평가 결과가 객관적이고 공정하게 이루어졌다는 전제 조건하에서 겸손하게 받아들이겠다는 자세를 가진 지원자로 오히려 높게 평가받을 수 있다. <u>이 질문에 답변을 할 때는 평가가 객관적이고 공정하게 이루어졌다는 전제를 하고 답변하는 것이 중요하다.</u>

Q 26. 귀하에게 24시간의 시간이 남아 있다면 무엇을 하겠습니까?

이 질문은 면접에서 가끔 묻는 돌발 질문 중의 하나다. 유사한 질문들로 "남북한 합쳐서 모기가 몇 마리나 되는지 말씀해보세요." 또는 "전국에 주유소가 몇 개나 되는지 말해 보세요."와 같은 질문이 있다. 실제 면접에서 이런 질문을 하면 지원자는 어떻게 답변을 해야 할지 몰라 당황해 하곤 한다. 그래서 돌발질문이라고 말하기도 한다.

이런 유형의 질문은 정답은 없지만 "모르겠는데요."라고 한다면 이것은 질문의 답이 아니다. 이 질문은 답은 없지만 질문에 대한 자신의 논리를 면접관이 납득할 수 있도록 제시하는 것이 정답이다.

돌발 질문은 절대 넌센스 퀴즈가 아니며, 질문의 의도를 잘 파악하고 자신의 생각과 논리를 면접관이 납득할 수 있도록 설명하는 것이 정답이다. 한 지원자가 "저는 24시간이 저에게 주어진다면 봉사활동을 하고 싶습니다. 평소 봉사활동에 참여해 보고자 했는데, 바쁘다는 이유로 한 번도 참석하지 못 했습니다. 살아 있는 동안 가장 보람 있는 일을 해 보려고 하기 때문에 봉사 활동에 꼭 참여하겠습니다."라고 한다. 이 지원자의 답변은 올바른 인성을 가진 지원자로 생각할 수 있는 좋은 답변이다.

Q 27. 우리 회사에 입사하기 위해 어떤 준비를 했는지 말해보세요.

이 질문은 면접에서 자주 묻는 질문으로 지원자가 자신의 회사에 입사하기 위한 역량을 갖추고 있는지 알아보고자 한다. 이 질문을 하는 이유 중에 하나는 입사를 위해 필요한 자신이 지원한 회사와 자신이 지원한 직무역량에 대해 잘 모르고 지원하는 지원자들이 많기 때문이다. "우리 회사에 대해 아는 대로 말하고, 자신이 적합한 인재라는 것을 말씀해 보세요."와 유사한 질문이라는 것을 안다면 위 질문에 대해 쉽게 답변을 할 수 있다.

이 질문에 답은 자신이 기업에 대해 알고 있는 경영이념, 인재상, 사업내용, 최근의 주요 사항 등을 알고 있다고 말하면서 자신이 회사에 오래 전부터 관심을 가지고 입사 준비를 했다고 말하는 것이 바람직하다. 그리고 자신이 지원한 직무 분야와 관련하여 대학시절 배웠던 지식, 경험, 자격증 등을 제시하면서 준비된 인재임을 보여 주면 좋은 평가를 받을 수 있다.

예를 들면 "저는 귀사에 입사하기 위해 홈 페이지를 방문해서 경영이념과 인재상을 알 수 있었으며, 최근에는 중국에 신규 사업 진출도 알 수 있었습니다. 그리고 기업 설명회에 참석해서 사업 부문과 제가 지원한 마케팅 분야에 필요한 역량을 마케팅원론 , 소비자행동론 등 전공 관목에 대한 지식을 습득하였으며, 방학을 이용하여 아르바이트를 하면서 고객 마인드를 배웠습니다. 그리고 공모전 참가를 통해서 마케팅 전략 수립과 기획력을 높일 수 있었던 것이 제가 입사를 위해 준비한 것입니다. 그리고 중국 마케팅 전문가가 되기 위해 중국어를 배우고 있습니다."라는 식으로 답변을 하면 질문에 충분한 답변이 될 것이다.

Q 28. 만일 우리 회사에 채용이 안 되면 어떻게 할 것인가요?

이 질문은 지원자의 입사 의지를 알아보기 위한 질문으로 심각하게 고민을 하고 답변을 해야 하는 질문은 아니다. 그런데 면접관이 채용이 안되면 어떻게 하겠느냐는 질문을 던지면 지원자는 자신이 면접을 잘못보고 있다는 생각부터 하게 되고 주눅이 드는 경우가 많다.

대부분의 지원자들은 실제 면접 상황이면 "네, 다시 지원 하겠습니

다.”라고 답변한다. 그리고 면접관은 또 “다시 떨어진다면 다시 지원
하실 것인가요?”라고 재차 묻기도 한다. 지원자 대부분은 “네, 다시 지
원하겠습니다.”라고 답변할 것은 당연하다. 대부분의 지원자가 당연히
“네”라고 답변할 것을 알면서 면접관이 질문을 하는 의도가 어디에 있
을까? 만일 지원자의 자신감이 없고, 작은 목소리도 “네, 다시 지원 하
겠습니다.”라고 답변한다면 면접관은 신입사원으로 적합하지 않은 지
원자라고 여길 것이다.

예를 들어 같은 대답을 하더라도 자신감 있는 표정과 씩씩한 목소리
로 “네, 제가 이번에 합격이 안 된다면 다른 지원자보다 부족한 점이 많
아서 그럴 것이라고 생각합니다. 그래서 부족한 점을 찾아내고 실력을
쌓아 다시 도전하겠습니다. 그래서 준비된 인재의 모습을 보여 드리겠
습니다.”라는 식으로 답변을 한다면 면접관은 그 지원자를 좋게 볼 것
이다.

취업의 디테일
-합격을 쏘다

지은이 | 문운기
펴낸이 | 이종헌
만든이 | 최윤서
펴낸곳 | 가산출판사
주　소 | 서울시 서대문구 충정로2가 37-18
　　　　 TEL (02) 3272-5530~1
　　　　 FAX (02) 3272-5532
등　록 | 1995년 12월 7일(제10-1238호)
E-mail | gasanbook@empas.com

ISBN　978-89-6707-001-4　　13320

2012년 11월 1일　초판 발행